不内卷的工作法

精准解决工作中
99% 的难题

[日]羽田康祐◎著
刘鲁钰◎译

中国水利水电出版社
www.waterpub.com.cn
·北京·

内 容 提 要

如今，所有人都深感工作是一种内耗，并且变得越来越充满不确定性。其实，所有的工作难题都源于固定的思考模式。当你具有面向未来的视野，并用已知思考未知时，就能从容地驾驭工作中的难题。本书以归纳法、演绎法、溯因推理三种基础逻辑方法为核心，详细介绍了面对工作难题进行推论的步骤，并辅以大量商业案例，帮助读者理解推论的逻辑，顺利找出工作难题产生的原因，成功找到解决问题的方法。

北京市版权局著作权合同登记号：01-2021-4836

图书在版编目（CIP）数据

不内卷的工作法 ／（日）羽田康祐著 ；刘鲁钰译
. -- 北京 ：中国水利水电出版社，2021.11
ISBN 978-7-5226-0037-6

Ⅰ. ①不… Ⅱ. ①羽… ②刘… Ⅲ. ①工作方法－通俗读物 Ⅳ. ①B026-49

中国版本图书馆CIP数据核字 (2021) 第201621号

MONDAI KAIKETSURYOKU WO TAKAMERU「SUIRON」NO GIJYUTSU
by KOSUKE HADA K_bird

书　　名	不内卷的工作法 BU NEIJUAN DE GONGZUOFA
作　　者	[日]羽田康祐 著　刘鲁钰 译
出版发行	中国水利水电出版社 （北京市海淀区玉渊潭南路1号D座　100038） 网址：www.waterpub.com.cn E-mail：sales@waterpub.com.cn 电话：（010）68367658（营销中心）
经　　售	北京科水图书销售中心（零售） 电话：（010）88383994、63202643、68545874 全国各地新华书店和相关出版物销售网点
排　　版	北京水利万物传媒有限公司
印　　刷	河北文扬印刷有限公司
规　　格	146mm×210mm　32开本　8印张　170千字
版　　次	2021年11月第1版　2021年11月第1次印刷
定　　价	49.80元

从正确答案到可能性

"VUCA 时代" 不可或缺的推论能力

出于某种原因，翻开本书的你，一定渴望知道如何提升问题解决能力、如何掌握推论能力。

21世纪已过去五分之一。如今，市场大多已发展成熟，商家无法再轻松获利。人们的生活方式呈现多样化，商品和服务的生命周期逐年缩短。随着互联网渗透到生活的方方面面，人们将所有商品与服务的性价比进行横向比较，价格被迫下调的窘境使局势日益严峻。而大数据的涌现，以及数字技术、IoT（物联网）的加速升级则加剧了这一严峻性，很多企业和商务人士正面临前所未有的挑战。

"VUCA时代"，这一组合是由Volatility（易变性）、Uncertainty（不确定性）、Complexity（复杂性）、Ambiguity（模糊性）的首

字母构成。先不谈今后企业将何去何从这种宏观问题，单是组织现状、自身职业规划等问题，我们都难以把握其下一步走向。

因此，我们当下需要认清是什么促成了现状、世界在以何种规则运行，以及未来可能会变成怎样，而不是仅根据眼前所见的变化进行思考。

基于这一背景，你现在所需要的，正是在理解难以捕捉的时代变化后推导出可靠结论的推论能力。只有运用推论能力按照PDCA循环❶进行思考，许多问题才能迎刃而解。

我曾就职于外资管理咨询公司、广告公司，从那时的经验来看，我坚信，运用思维敏捷的大脑发现未来希望的推论能力将是今后的人们不可或缺的能力。

从正确答案到推论

曾有一段时期，我深信世上某处应该存在着正确答案。

· 世上应该有绝对正确的答案。

· 凡事都有正确答案，只是我不知道罢了。

---

❶ 质量管理的四个阶段，即 Plan（计划）、Do（执行）、Check（检查）和 Act（处理）。

·要是知道正确答案，我会表现得更好。

在当时幻想的存在正确答案的世界里，我曾认为最重要的是自己知道正确答案，而不知道正确答案则是一件令人羞耻的事。

在这样的思维模式下，我一直在寻求或是被他人告知正确答案，对待问题的态度也逐渐被动起来。久而久之，每当遇到困惑时，我要么立刻上网搜索，要么直接询问了解详情的朋友，要么盲目地阅读以获取答案。

但是，书里哪会有什么正确答案？有的只是大量的信息和知识。时间一久，我便越来越难注意到信息和知识背后隐藏着的看不见的前提、关联性和规则，我不再进行独立思考。最终，我成了一个处处察言观色、失去了主观能动性的人……

人一旦失去主观能动性，就会慢慢丧失自信和自尊，而这几乎等同于放弃自己的人生。

而我的转折点，则是当我注意到世上不存在如同课本和百科辞典一般的正确答案这一客观事实的时候。

无论是社会人士，还是正在读这本书的你，都正在迈向未来。既然没有人能够准确地预测未来，那么世上也不存在绝对正确的答案，存在的只有面向未来的各种可能性。这一可能性可以通过人的主观行为进行改变和创造。

既然未来对所有人来说都是未知的，那么可以说正确答案、错误答案这些概念本身就不存在，我们能够通过自己的推论能力和执行力开拓未来。

持续寻找正确答案的思维模式会让我们陷入追逐原本就不存在的事物的误区，导致我们总会产生自己没找到正确答案这一自我否定情绪，进而削弱自己的信心。

但是，如果你能从世上存在着正确答案这一幻想中解放自己，具备对未知事物的推论能力，那么你不仅能解决问题，还能改变自己——改变那个担忧会从原本就不存在的正确答案中脱离的自己，改变那个毫无行动力的自己。

改变后的你，能从环境的变化中发现各种各样的可能性，从而进行合理的推论，积极主动地解决问题。

从毅力论到方法论

在我曾就职的外资管理咨询行业和广告行业中，没有固定模式的商品。因此，公司只有上上下下都发挥推论能力进行逻辑推理和构思，为客户提供高水准的问题解决方案才能盈利。也就是说，对于行业内的每个人来说，尽快锻炼出高水平的推论能力可谓是工作的"生命线"。

看到这里，也许你会苦恼："对我来说，掌握推论能力的门槛是不是太高了？"我可以明确地告诉你：事实并未如此。推论能力并不是依靠顽强的毅力才能掌握。之所以这么说，是因为推论能力是一项能通过科学方法习得的能力。

能否掌握推论能力与智力无关，关键在于思考方法是否得当。既然这只是方法论的问题，那么推论能力的使用过程也一定能够多次上演。也就是说，只要理解了思考方法和思考步骤，将其反复运用直至习以为常，那么谁都能掌握推论能力。

由于这一点实在是非常重要，请允许我再次强调：认为世上某处存在正确答案，这种想法只不过是幻想。现在，你眼前有的只是无数个可能性。诚然，世界上有很多被定义为正确答案的知识，它们是前人孕育出的智慧。但于你而言，那些不过是前人"借"给你的东西。倘若能掌握推论能力，那么你将可以把从前人之处所借之物转变为面对未来的智慧。

本书结构

本书中，我将围绕在外资管理咨询公司、广告公司就职期间掌握的推论能力进行说明。内容不仅会涉及理论，还包含思考步骤、实践核心和将推论能力运用于工作的方法等。

第一章将就本书出现的推论能力进行定义，并说明我们需要掌握推论能力的理由。相信你在阅读完本章后就能明白，在商务人士所需具备的多项技能中，推论能力处于核心位置，而在将来，推论能力也是企业期待员工具备的一种稀缺能力。

第二章将围绕归纳法——培养敏锐洞察力的推论方法展开论述。归纳法是学习逻辑思维时必定会接触的一种推导方法，它是从个别到一般的推理。然而，很多阐释一般仅涉及展开逻辑分析的方法。倘若想真正掌握归纳法，还需要把思考步骤、实际应用归纳法的各种场景等内容融会贯通，使之成为积极的惯性思维。因此，本章将会详细介绍归纳法的思考方法。此外，本章还会将使用归纳法的天花板转化为优势，通过实际应用，介绍如何发现区别于常识的新的可能性。

第三章将围绕演绎法——使预测和检验成为可能的推论方法展开论述。正因为演绎法非常严谨，所以很多人都认为其难以应用于工作。但这其实是一种误解，若换个角度思考，则会发现演绎法在工作中的应用范围很广。因此，本章将介绍使用演绎法的思考方法，同时还会通过各类案例说明将演绎法灵活应用于工作的五种方法。或许在一部分人看来，演绎法就是死板的三段论。其实，通过改变思考方法，我们可能会产生颠覆性的想法，本章也会一并介绍该方法。

第四章将围绕溯因推理❶——产生假说的推论方法展开论述。溯因推理作为近年来引发热议的推论方法，是一种在假说思考的过程中不可或缺的方法。此外，它还能成为帮助我们加速进步的入口。因此，本章也将详细介绍溯因推理下的思考步骤，同时说明将溯因推理应用于工作的方法。

第五章将介绍组合技能，以便更好地发挥推论能力，实现事半功倍。想必你也知道，我们只有在工作中实际运用推论能力，该能力的成效才能显现。为此，我们不仅需要知道每个独立推论方法下的思考方法，还要掌握组合运用多个推论方法时的思考方法。因此，本章将会介绍在实际工作中熟练搭配运用归纳法、演绎法和溯因推理的方法。

如果你能通读本书，将归纳法、演绎法和溯因推理的思维模式牢牢印入脑海，那么你一定能获得推论能力这一强大的武器，从而自信满满地开拓人生的新可能。

---

❶ 美国现代符号学创始人皮尔士（C. S. Peirce）提出的一种符号演算模式。皮尔士认为，溯因推理是形成解释性假说的程序，它是导向任何新观念的唯一逻辑运作。

第一章 推论能力：拓宽希望的稀缺技能

推论能力是什么 003

为什么工作中需要推论能力 006

推论能力日益稀缺 018

小结：七个要点 026

第二章 归纳法：孕育出色的洞察力

归纳法是什么 029

使用归纳法时的注意点 034

在工作中使用归纳法的情况 040

使用归纳法的步骤 049

如何在工作中使用归纳法 065

如何练习使用归纳法 082

归纳法的使用技巧 091

小结：七个要点 094

第三章　演绎法：使预测和检验成为可能

演绎法是什么 097

使用演绎法时的注意点 102

在工作中使用演绎法的情况 105

使用演绎法的步骤 112

如何在工作中使用演绎法 121

如何练习使用演绎法 133

演绎法的使用技巧 139

小结：七个要点 150

第四章　溯因推理：孕育假说

溯因推理是什么 155

使用溯因推理时的注意点 162

在工作中使用溯因推理的情况 164

使用溯因推理的步骤 171

如何在工作中使用溯因推理 184

如何练习使用溯因推理 199

小结：七个要点 211

第五章　搭配使用推论能力，效果翻倍

归纳法 + 演绎法：保持一致性　　　　　　　　　215

归纳法 + 演绎法：掌握提案能力　　　　　　　　222

溯因推理 + 归纳法 + 演绎法：加速自身成长　　228

小结：七个要点　　　　　　　　　　　　　　　234

后记

参考文献

推论能力：拓宽希望的稀缺技能

推论能力是什么

遇到困难时，必不可少的就是进行推论。

可以说，工作上遇到的很多困难是循环往复的。在你的日常工作中，是否遇到过以下情况呢?

- 明知道自己应该进行思考，但不知道思考的对象和方法。
- 上司让自己分析，但自己的分析总是不够深入。
- 无法将自己的想法精准地传达给听者。
- 总是在不知不觉中赶着截止期限才完成工作任务。
- 自己的提案总是得不到认可。

"不知道思考的对象和方法"是指当遇到未知事物时，大脑不由得陷入停滞的状态。换句话说，你一对未知事物进行推论，大脑就停止了思考。

关于"分析总是不够深入"的原因，是因为你没有围绕被分析对象之间的深层关系和动态特性展开合适的推论。

之所以发生"无法将自己的想法精准地传达给听者"的情况，是因为你没有就"对方究竟想听我说什么"这一点进行合理的推论。自不用说，对于听者不需要的内容，无论你多么费力解释，对方也只是当成耳边风。

关于"总是在不知不觉中赶着截止期限才完成工作任务"，也是由于你没有在早期阶段推论下一步走向，进而陷入被动局面，因此才容易出现这样的问题。

至于"自己的提案总是得不到认可"，若追根溯源，你会发现问题基本都出在低估了对方的期待上。

工作中，我们或多或少都会遇到各式各样的困难。倘若无法找出问题产生的原因，为解决问题进行假设，我们将很难推进工作。而推论能力正是在我们找出问题产生原因、为解决问题而进行假设时必要的能力。

本书将推论能力定义如下：

> 推论能力是一种对未知事物进行有条理地推测，并导出逻辑清晰且合理的结论的能力。

为了弄清各类问题产生的原因，我们需要运用推论能力去分析看不见的原因。另外，在思考假设时，我们也需要合理地推论那些看不见的未来。

推论能力是工作中必须具备的能力。为进一步了解推论能力的重要性，接下来，我将为大家详细说明推论能力必不可少的理由及其作用。

有关推论和假说

一般情况下，推论过程分为六步：第一，认清事实；第二，具备问题意识；第三，展开推论；第四，引出假设；第五，检验假设；第六，得出结论。

从推论引出的各式各样的答案若不经过检验，将会一直停留在假设阶段。但因为在实际工作中常设有开会、提案等环节，很多情况下我们会将检验前的假设预想为一定程度上的结论。因此，本书将根据上下文区分使用"假设"和"结论"二词。

为什么工作中需要推论能力

推论能力是工作思考能力的核心

假若你是某企业商品开发负责人，当上司委派你做一份让新商品热卖的策划时，你会从何下手呢？

如果你是一名优秀的商品开发负责人，最开始应该会尝试分析外部环境。这是因为，世上所有的商品、服务都受政治、经济、社会、科技等要素的影响，这些要素决定着世界大局变化的重要时机，仅凭一家企业之力难以改变其走向。

如此一来，你应该按照下面的顺序进行分析：

- 以世界大局为思考前提。
- 推测当下时局会产生何种变化。
- 根据推测导出结论（商品概念及规格）。

很多商业活动的流程也是如此，首先以无法改变的大环境为前提，基于该前提进行推论，再根据该推论导出结论。

倘若你不具备设立前提的能力，甚至思考时毫无头绪，那么你可能连最开始应该思考什么都不知道；倘若你不具备进行推论的能力，那么你可能不知道如何思考。最终，你可能会对思考对象、思考方式一无所知，从而陷入大脑一片空白的状态，难以得出有用的结论。

这样一想，推论能力作为联系前提与结论的纽带，之所以是工作思考的核心能力，其原因也就不难理解了。

推论能力有助于提高分析能力

分析是指在正确把握事物特征的基础上，认清各事物之间存在的关联性。不论是哪种分析方法，都有一个共通点，那就是具备问题意识——生活中，构成事物的要素错综复杂，若只是笼统地分析整体，很难获得有用的启发。

为了正确把握错综复杂的事物，仅从整体上分析还远远不够，我们需要深入思考每一项要素的内涵，以及各项要素之间的关联性。

个人拙见，世上很多事物都由事实及其关联性构成。我们很容易把握摆在眼前的事实，却看不见关联性，只有通过推论才能掌握其内涵。因此，如果你不会用推论去理解看不见的关联性，那你的分析也肯定不够深入。

总之，分析是通过推论阐明事实及各项事实之间的关联性的过程。其中不可或缺的，正是推论能力。

推论能力有助于理解关联性

为进一步加深理解，下面我将举例说明。

假设你是某连锁卖场的分析负责人，当前你手里有酱菜和毛巾的销量变动数据。数据显示：酱菜销量增长时，毛巾的销量也有所增长；而酱菜销量下降时，毛巾的销量也有所下降。

看到这份数据的你，如果不具备推论能力，可能不会尝试分析酱菜和毛巾的销量数据之间的关联性，而仅仅将二者当作毫不相关的数据搁置一旁。由此一来，你便无法从数据中获得任何启示，也做不出成绩。

另一方面，倘若你具备推论能力，脑海里可能会浮现"酱菜和毛巾的销量之间会不会有什么关联性"的念头。

这样一来，你可以通过如下设问展开关联性分析。

·是否存在"酱菜销量增长会促进毛巾销量增长"的因果关系？

·或与之相反，是否存在"毛巾销量增长会促进酱菜销量增长"的因果关系？

·以上两种情况都不成立，是否存在第三个影响因素？

如此分析后，你会得到以下结论（图1-1）。

·气温升高，消费者需要预防食欲下降、盐分摄取量不足，酱菜销量增长。

·气温升高，消费者出现擦汗需求，毛巾销量增长。

·酱菜和毛巾的销量变化之间存在隐性的"气温"这一共同要素。

·酱菜和毛巾的销量变化不存在直接关联。

得出结论后，你可以采取行动，事先关注天气预报，在预计气温升高的日子里，将酱菜和毛巾摆在店前显眼的位置。如此一来，比起无法发挥推论能力，让两份数据形同陌路，你的做法明显能取得更显著的成效。

两者毫不相关

酱菜销量增加　　　　毛巾销量增加

没有任何启发

推论能力

或许有关联

酱菜销量增加　　　　毛巾销量增加

气温上升

关注天气预报，在预计气温升高的日子里将酱菜和毛巾摆在
店前最显眼的位置

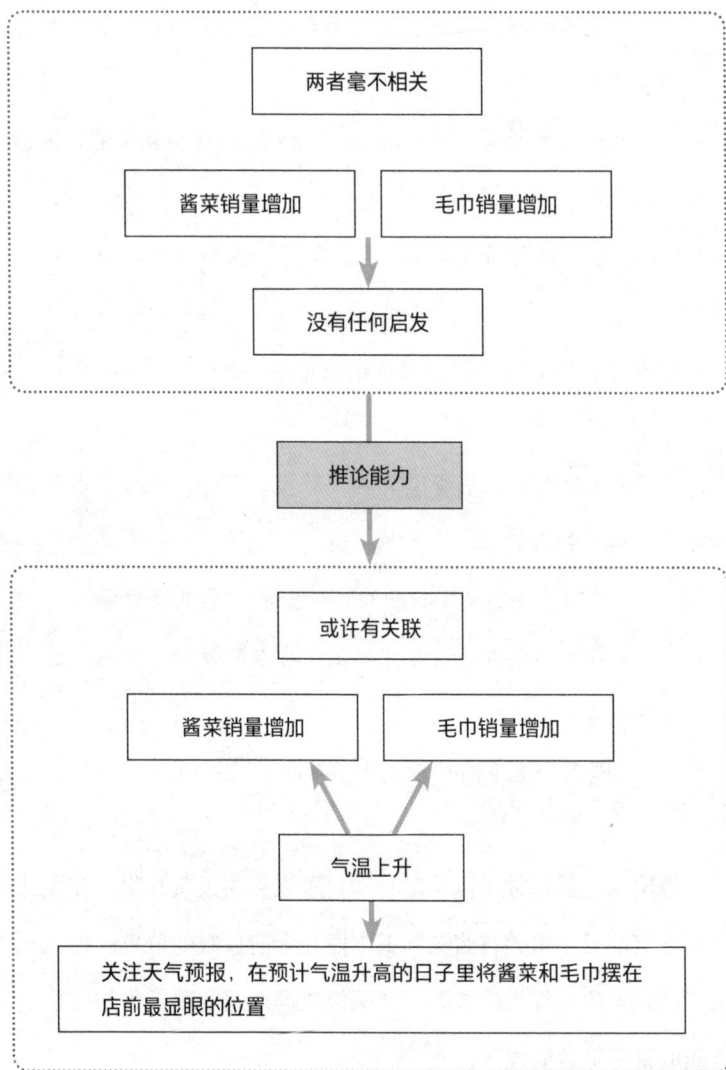

图 1-1　解读关联性

是否具备推论能力，是决定分析质量优劣的关键因素。如果你想要拥有敏锐、强大的分析能力，那么推论能力必不可少。

推论能力在商务沟通中必不可少

相信谁都有过"无法将自己的想法传达给听者"的苦恼，特别是在开会和提案时，这种情况更是屡见不鲜。

解决这一问题的关键正是推论能力。这是因为，产生该问题的原因，大致可归纳为以下两点。

原因一：与听者之间存在视角差异

首先就"论点存在偏差"进行说明。

假设你是某企业事业战略部门的负责人，为促使管理者做出投资判断，你向管理者陈述"需投资1000亿日元"这一投资结论。但假设管理者关心的是"为什么要投资1000亿日元"这一推论过程，即意味着双方的论点互不契合，从而致使你无法将想法传达给管理者。也就是说，你所传达的论点与听者想听的论点之间存在偏差。

那么，接下来的内容将非常关键。在管理者进行决策时，得出该结论的理由这一推论过程很可能会成为主要论点。这是因为，既然任何决策都多少伴随着投资行为，那么负责人也负有说明投资原因的责任。

这样看来，推论过程很容易成为决策时的主要论点。作为奠定推论过程基础的推论能力，想必你应该已充分理解了它在工作中的必要性。

原因二：逻辑结构缺乏连贯性

接下来就"无法将自己的想法传达给听者"的另一个理由——"前后发言内容的逻辑结构缺乏连贯性"进行说明。

假设你突然提出"需投资1000亿日元"这一结论，因为太过唐突，听者大概率无法立刻表示赞同。

倘若你要提出"需投资1000亿日元"这一结论，那么你必须将前提（为什么需要进行这笔投资）和推论过程（为什么得出了要投资1000亿日元的结论）两个要点一起说明。其次，如果"前提—推论—结论"的逻辑结构连贯，说话条理分明，层次清晰，那么你的发言内容将很容易传达给听者。

在咨询行业，新入职的咨询师在接受培训时，通常会接触"云雨伞"模型。

"云雨伞"模型的具体内涵如下：

· 云：天灰蒙蒙的。（前提）

· 雨：据此判断可能要下雨。（推论）

· 伞：因此，我应该带伞出门。（结论）

该模型旨在训练咨询师在解决问题和交流沟通时逻辑的连贯性，促进咨询师形成良性的固定思维模式。相信你能明白，在"云雨伞"模型中，推论维系了前提与结论，为维持逻辑结构的连贯性发挥了重要作用。同时，它还是以浅显易懂的方式传达想法的关键点。

在工作中，若能把握以下两个要点，你将能摆脱"无法将自己的想法传达给听者"的烦恼。

· 发言内容中，哪一部分是听者最想听的内容？是前提部分，推论部分，还是结论部分？

· 自己将要传达的内容中，从前提（云）到推论（雨），再到结论（伞）的过程是否合乎逻辑？

而把握这两个要点的关键就是掌握推论能力。

推论能力有助于提高生产效率

日本很久之前就已实行了工作方式改革。

然而，在工作量不断增加与必须缩减加班时间的悖论下，近年来，许多人总是不知不觉赶着截止期限才完成工作任务。

但是，倘若我们能掌握推论能力，那么我们的工作效率将突飞猛进。

此前，我曾在外资管理咨询公司作为咨询师，在广告代理公司作为战略总监接触过很多商务人士，他们中的很多人都深信"信息越丰富，应该就越容易得出正确答案"。乍一看，尽可能全面地收集信息，进行彻底的分析，制订细致的计划并予以施行是正确的行为，但其实其背后隐藏着"完美思考"的想法——只要存在全方位收集信息、进行仔细的分析、建立详尽的计划这三个前提，应该就能百分之百完美地完成工作。但是，鉴于所有的工作都是面向未来而推进的，只要不是预言家，我们就肯定不能交出百分之百完美的答卷。

因此，信息并不是越多越好，而是与假设的关联性越强越好。为得出高质量的假设，我们需要高水平的推论能力。

总是不知不觉赶着截止期限才完成工作的人，会在没有基于推论进行假设的情况下，期待工作能达到彻底、仔细、周密的完美状态。

但是，由于期待做到完美，从形成问题根基的大问题到接近解决阶段时出现的无伤大雅的小问题，这类人都会把它们混杂在一起，最终总是不知不觉赶着截止期限才完成工作。有人对于时间跨度长的项目，花了很多时间在收集信息上，结果工作快要告一段落时，市场环境却发生了很大变化。

不追求完美，关注重要的20%

在商界存在一条很出名的法则——"帕累托法则"，又称"二八定律"。该法则指出：人们应该关注的重点要素占20%，且这20%决定剩余80%的产出。

尤其是在工作中，我们都被赋予了有限的时间。为了将时间这一稀缺资源分配给重要的20%，我们需要一开始就看清何为重要的20%，并进行高准确性的推论。

由于20%将会决定80%的产出，如果能就这重要的20%进行合理的推论，那么你的生产效率大概会翻4倍。但请注意，就算你试图实现百分之百完美，对剩余的80%也面面俱到，也仅会带来20%的成果。也就是说，你的生产效率将会低至原本的1/4（图1-2）。

时间　　　成果

20%

80%

80%

20%

生产率=4倍

生产率=0.25倍

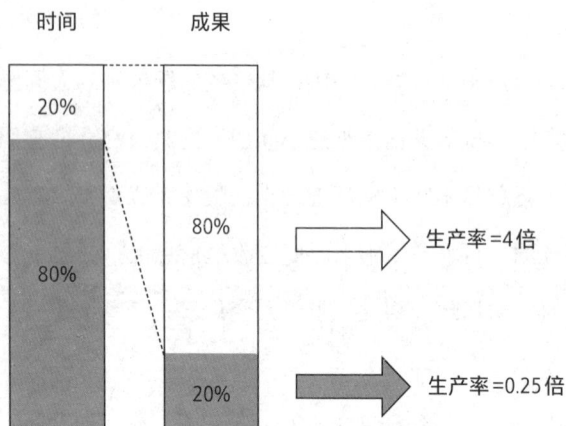

图1-2　通过假说进行思考，将生产率提高至4倍

推论能力有助于提高提案能力

最后，让我们来看"自己的提案总是得不到认可"这一问题。

在实际工作中，提案能力是非常重要的一种能力。说得严重一点，这是因为提案是一项制造期待和获取认可的工作，是所有工作的起点。

具备提案能力的人可以使自己的提案更顺利地通过，并且能更容易地按照预期计划推进工作；而不具备提案能力的人只能听从周围人的意见，总是吃亏。

提案得不到认可的原因，大概可分为两种：第一，连最初设置好的前提都不正确；第二，前提正确，但提到结论这一过程的推论出了问题。

近年来，市场大多成熟，仅沿袭过往的案例已经很难获得显著的成绩。我们需要打破"以往的常识"这一前提，通过创新来创造出前所未有的新价值。为了创新，我们需要正确认识一直以来的前提——"以往的常识是什么"，需要运用推论能力来建立假说——"为了打破以往的常识，我应该做什么"。

但是，由于实际工作多少会伴随投资行为，所以我们的推论不能无凭无据，单凭一时兴起。我们需要依据来说明，为什么工作会按照假说顺利推进，同时还需要掌握能推导出合理结论的推论能力，以进行提案并阐释其依据。

这样看来，所谓出色的提案，其实是一项制造期待与获取认可的工作。前者的实现是通过打破以往常识，后者则是通过让对方认同你的提案具备可行性。想必你已经明白，这两者都需要高水平的推论能力。

推论能力日益稀缺

信息会过时，但推论能力不会

读到这里，想必你已经注意到了，推测看不见的事物并导出合理结论的推论能力是支撑主要工作技能的核心能力。主要工作技能如下：

· 工作思考能力：应该如何思考，应该思考什么。

· 分析能力：应该如何捕捉各项事物及其关联性。

· 沟通能力：应该向对方传达什么内容，应该如何传达。

· 生产效率：应该推进什么工作，应该如何推进。

· 提案能力：应该如何制造期待、获取认可。

倘若你不具备读写这一核心能力，那么学校里的语文、数学、物理、化学、政治、历史等科目的考试，你都无法作答。同理，如果你没有掌握推论能力，那么你的工作思考能力、分析能力、沟通能力、生产效率和提案能力也提高不了（图1-3）。

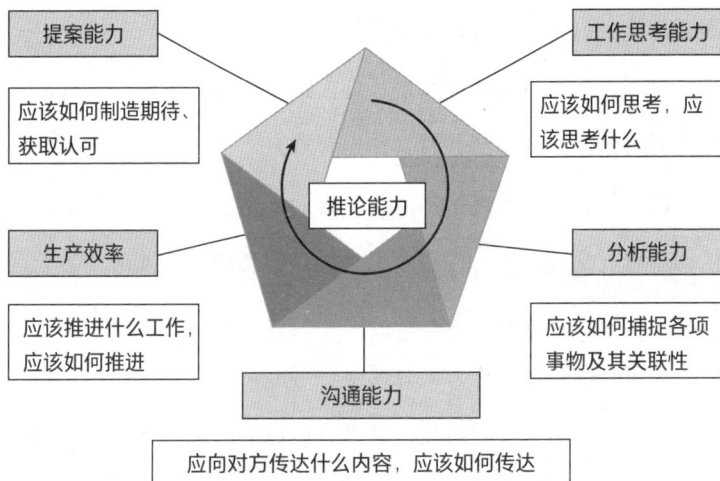

提案能力	工作思考能力
应该如何制造期待、获取认可	应该如何思考，应该思考什么

推论能力

生产效率	分析能力
应该推进什么工作，应该如何推进	应该如何捕捉各项事物及其关联性

沟通能力

应向对方传达什么内容，应该如何传达

图 1-3　推论能力：所有能力中的核心能力

如图所示，推论能力是许多工作技能中的核心能力，它牵涉范围广，影响力大。

信息泛滥的三个副作用

近年来，随着市场的成熟和互联网的发展，物质和信息如同洪水一般泛滥，推论能力的重要性日益凸显。在此背景下，信息泛滥的副作用也越发显现，大致可归纳为以下三点。

第一，物质和信息自身的差异性越来越难凸显。

当前，不论是谁都可以随时获取大量物质和信息，这就导致物质和信息自身越发难以孕育价值。

第二，信息流动速度过快，让人眼花缭乱，以致人们越来越难把握各个信息的内涵并对其作出解释。

倘若信息流动速度呈加速状，人们光是紧追时事信息就已经忙得不可开交，因此，没有余力去解释信息或进行推论。关于这一点，想必你也深有同感。

第三，我们的工作方式开始受到考验。

倘若信息数据实时可见，那么人们也会需要对各类信息数据进行实时处理，也就是进入高速运转的"PDCA循环"模式。然而，一旦如此，就很容易陷入PDCA循环模式，具体表现为现场工作人员疲惫不堪。由此一来，运转PDCA循环的现场仿佛变为了一台单纯的"PDCA机器"，这不仅会导致工作人员身心俱疲，还会使接下来的"假设检验循环"难以运转。

第四，近年来，日本开始重视工作方式改革。当前，人们正在接受一项考验——如何用有限的资源（人力、物力、财力、信息等）实现高生产效率的工作方式。在必须提高劳动生产率这一大前提下，人们需要改革工作方式，以期在耗费同等资源的情况下，取得超过以往的成绩。

正是基于这样的时代背景，如果你能掌握稀缺的推论能力，从鱼龙混杂的信息中提取重要信息，对其添加准确的解释，抢占先机，使其成为你独创的推论，那么推论能力将会成为你的宝贵财富。

产生持久竞争力的输出技术

很多人为了工作而收集信息，为了提升技能而学习知识。但是，倘若不对信息和知识加以处理，它们只不过是从前人之处所借之物。此外，随着时间的流逝，这些信息和知识会遍布大街小巷，不久后就被时代所淘汰。

另一方面，推论能力的价值在于孕育面向未来的智慧。由于你所孕育的智慧是自己的原创内容，因此它难以流通至外界，稀缺价值高，不会轻易过时。

如今，大众可以轻松、便捷地获取各类信息和知识。但是，这种能在短时间内获得的竞争力，不过是在短时间内就会被他人轻松模仿的竞争力。

然而，推论能力同信息、知识不同，它是通过长期的训练和习惯而掌握的一种能力。这乍一听像是在绕远路，但"长期的训练和习惯"意味着，一旦我们掌握了推论能力，它将成为我们的长期竞争力，他人在短时间内难以模仿。

并且，倘若你以快于他人的速度不断磨炼自己的推论能力，那么你将能一步步拉开与周围人的差距。

VRIO 与推论能力

推论能力同信息、知识不同，它不可视。而这也意味着，在旁人看来，推论能力是一种难以模仿的、稀缺的能力。

推论能力在很多工作技能中处于核心位置，对方方面面的工作技能都有重要影响。此外，与信息、知识不同，它作为一种创造原创性价值的能力，在大数据时代也是无价之宝。

战略论的世界里存在着分析企业竞争力的模型——"VRIO"。该词由 Valve（价值）、Rarity（稀缺性）、Imitability（不可模仿性）和 Organization（组织）的英文首字母构成。人们认为，任何事物只有同时满足以上四点，才能构建可持续性竞争优势。

将推论能力套入 VRIO 模型，结果如下所示。

Valve（价值）：推论能力与信息、知识不同，是能创造原创价值的一种能力。

Rarity（稀缺性）：推论能力不像信息、知识一样能立刻传达给他人，是大数据时代非常稀缺的一种能力。

Imitability（不可模仿性）：推论能力不可视，人们难以在短时间内掌握，但一旦掌握就很难被他人模仿。

Organization（组织）：推论能力是帮助提高工作思考能力、分析能力、沟通能力、生产效率和提案能力的核心能力。

如此一来，我们可以明白，推论能力是工作中的一种十分重要的能力。

正如前言提及的一样，我们正身处VUCA时代。这个时代没有正确答案，有的只是各种各样的可能性。身处这样的时代，我们需要推论能力，以寻找更可靠的可能性。

如何掌握推论能力

然而，就算明白了推论能力的重要性，如果不知道如何掌握推论能力，我们也无法付诸行动。

因此，从下一章开始，我将依次介绍掌握推论能力的具体方法，分别是归纳法、演绎法和溯因推理（图1-4）。

归纳法、演绎法和溯因推理可以说是有关逻辑思维的书籍中一定会涉及的逻辑推理模型。但是，很多书籍只是对逻辑思维框

归纳法（第二章）	
过程	**例子**
事实1 事实2 事实3	年轻一代的小池喜欢在家聚会饮酒。 年轻一代的松本喜欢在家聚会饮酒。 年轻一代的金子喜欢在家聚会饮酒。
发现共同点	三人都喜欢在家聚会饮酒。
结论	因此，现在的年轻一代喜欢在家聚会饮酒。

演绎法（第三章）	
过程	**例子**
作为前提的规则	现在的年轻一代喜欢在家聚会饮酒。
套入事例	牧野是年轻一代。
导出结论	因此，牧野应该喜欢在家聚会饮酒。

溯因推理（第四章）	
过程	**例子**
发生现象	居酒屋的市场规模正在逐渐缩小。
套入法则	现在的年轻一代喜欢在家聚会饮酒。
导出假设	因此，居酒屋的市场规模之所以缩小，是由于年轻一代转变为在家聚会饮酒。

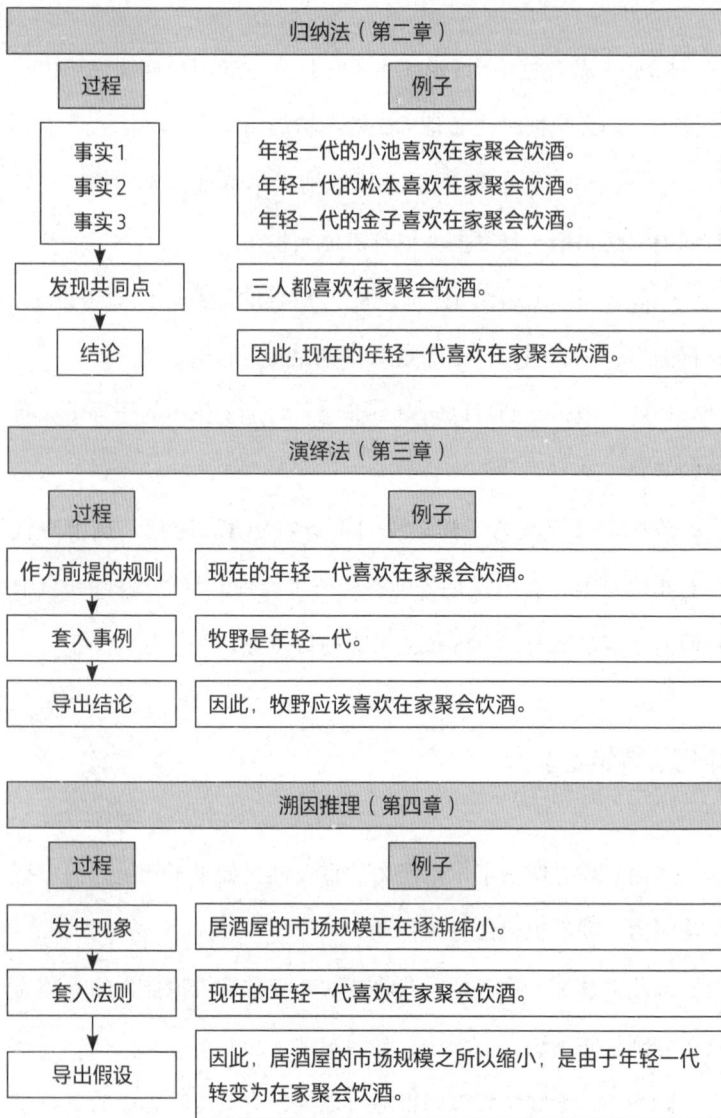

图1-4　本书介绍的三个推论方法的基本过程

架中的逻辑树和金字塔结构泛泛而谈，几乎没有覆盖具体思考方法、运用于实际工作的方法、训练并养成习惯的方法。

此外，这些逻辑推理模型基本都用于检验逻辑上的合理性。其实，通过调整思考方法，我们可以借助它们找到前所未有的可能性。

由于这非常重要，请允许我再次重复，归纳法、演绎法和溯因推理等推论方法是工作思考能力、分析能力、沟通能力、生产效率和提案能力的基础，是非常重要的方法论。因此，在学习如何掌握推论能力前，需要再次认识到推论能力的重要性。

小结：七个要点

1.推论能力，是指对未知事物进行有条理的推测，并导出逻辑清晰且合理的结论的一种能力。

2.推论能力是一种为发现更可靠的可能性所不可或缺的能力。

3.推论能力是有助于提高工作思考能力、分析能力、沟通能力、生产效率和提案能力的核心能力。

4.推论能力是大数据时代具备稀缺价值的能力。

5.推论能力难以在短时间内被模仿，具备持久竞争力。

6.推论方法具体有三个，分别是归纳法、演绎法和溯因推理。

7.通过调整思考方法，可以利用归纳法、演绎法和溯因推理发现事物前所未有的可能性。

归纳法：孕育出色的洞察力

归纳法是什么

倘若你曾读过与逻辑思维与逻辑思考相关的书籍，那么你应该见过"归纳法"一词。

在很多与逻辑思维相关的书籍中，归纳法都被描绘为一种以推导出合理逻辑为目的的方法。但其实归纳法的真正价值在于，它能够发现众多法则。

有的人理解速度快，能做到闻一知十。你是否也曾疑惑过，为什么他们知道一件事后，就能推导出后面的九件事？他们是如何推导出看不见的九件事的？

能够做到闻一知十的人已经养成了一种习惯——从微不足道的小事中看透客观上不可视的事实，并将其转化为法则，实际运用于各个领域。因此，他们仅根据少许说明，就能通过套用之前得出的法则来理解事物的全貌。此外，当你询问他们是否有疑问时，他们提出的问题总能一针见血。总之，无论要求他们做什么，他们都能采取精准的行动。

这类人正是在无意识下使用了归纳法。

因此，本章将从如何得出高度合理的逻辑，以及如何推导出有意义的法则这两部分出发，对归纳法进行说明。

挖掘共同点，推导出结论

归纳法一词中，包含"归"与"纳"两种行为。"归"指万物尘埃落定，"纳"指总结出结论。归纳法也被称为"归纳推理"。

正如该含义所示，归纳法是一种从多项事实中挖掘出共同点，并引出结论的推论方法。

将归纳法发扬光大的，是英国哲学家弗朗西斯·培根（1561～1626）。

弗朗西斯·培根提倡"经验论"，即人们通过反复观察和试验，逐步积累经验，最终摸索出规律。而经验论的基础，正是从多项事实中挖掘出共同点并引出结论的归纳法。

归纳法的简单案例

为了帮助读者更好地理解归纳法，下面，我先通过一个简单的案例进行说明。这是归纳法的一个典型案例。

> 事实1：A广告公司的员工上田工作认真负责。
>
> 事实2：A广告公司的员工金谷工作认真负责。
>
> 事实3：A广告公司的员工石田工作认真负责。
>
> 发现共同点：A广告公司员工的共同点是工作认真负责。
>
> 结论：因此，A广告公司的工作氛围很严谨。

具体分析本案例时，你应该注意到了使用归纳法时的思考方法。

首先，列举多项事实：A广告公司的员工上田、金谷、石田的工作态度。

其次，发现多项事实之间的共同点：A广告公司的这三名员工都工作认真负责。

最后，将共同点套入整体，得出结论：A广告公司的工作氛围很严谨。

要判断归纳法的推论是否成立，可以通过使用"因为"一词来倒推推论过程，进行简易的检查。

```
┌─────────────┐      ┌─────────────┐      ┌─────────────┐
│   事实 1     │      │   事实 2     │      │   事实 3     │
├─────────────┤      ├─────────────┤      ├─────────────┤
│ A广告公司的员工 │    │ A广告公司的员工 │    │ A广告公司的员工 │
│ 上田工作认真负责。│    │ 金谷工作认真负责。│    │ 石田工作认真负责。│
└─────────────┘      └─────────────┘      └─────────────┘
```

┌─────────────┐   ┌────────────────────────────────────┐
│ 发现共同点   │   │ A广告公司员工工作认真负责。   │
└─────────────┘   └────────────────────────────────────┘

┌─────────────┐   ┌────────────────────────────────────┐
│   结论   │   │ 因此，A广告公司的工作氛围很严谨。   │
└─────────────┘   └────────────────────────────────────┘

┌─────────────┐
│ 检查推导过程 │
└─────────────┘

┌─────────────┐   ┌────────────────────────────────────┐
│   结论   │   │ A广告公司的工作氛围很严谨。   │
└─────────────┘   └────────────────────────────────────┘

┌─────────────┐
│   因为   │
└─────────────┘

┌─────────────┐   ┌────────────────────────────────────┐
│ 发现共同点   │   │ A广告公司的员工工作都很认真负责。   │
└─────────────┘   └────────────────────────────────────┘

```
┌─────────────┐      ┌─────────────┐      ┌─────────────┐
│   其依据是    │      │   其依据是    │      │   其依据是    │
└─────────────┘      └─────────────┘      └─────────────┘

┌─────────────┐      ┌─────────────┐      ┌─────────────┐
│ A广告公司的员工 │    │ A广告公司的员工 │    │ A广告公司的员工 │
│ 上田工作认真负责。│    │ 金谷工作认真负责。│    │ 石田工作认真负责。│
└─────────────┘      └─────────────┘      └─────────────┘

┌─────────────┐      ┌─────────────┐      ┌─────────────┐
│   事实 1     │      │   事实 2     │      │   事实 3     │
└─────────────┘      └─────────────┘      └─────────────┘
```

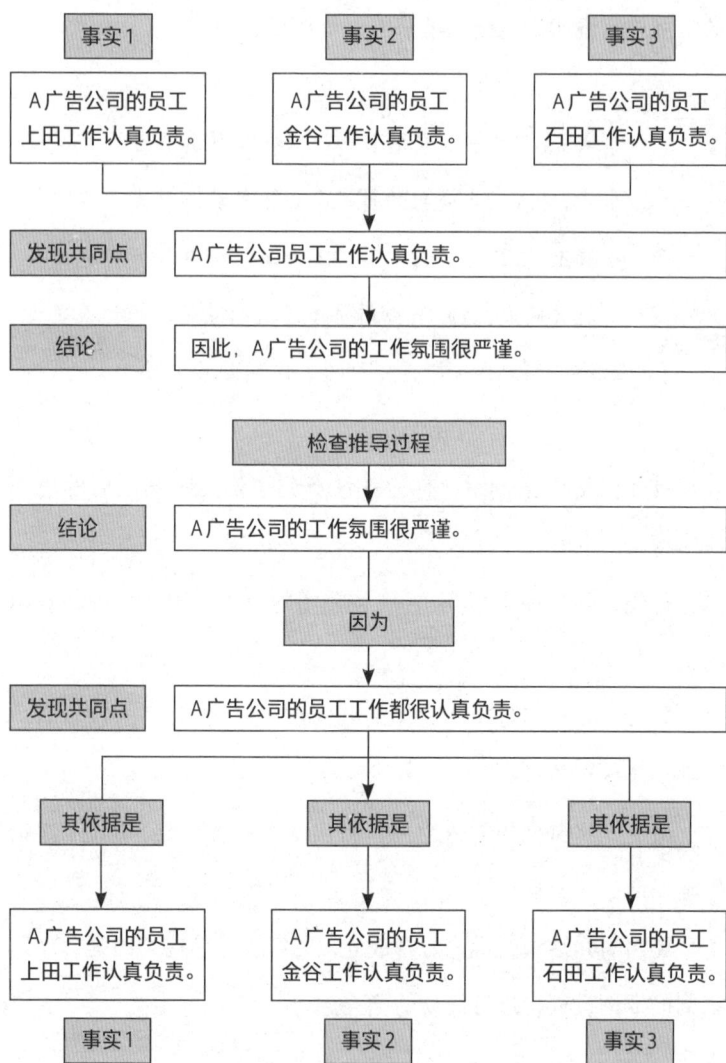

图 2-1　用"因为"检查归纳法的推论过程

本案例的倒推过程的要点如图2-1。

结论：A广告公司的工作氛围很严谨。

共同点：A广告公司的员工工作都很认真负责。

其依据是：

事实1：A广告公司的员工上田工作认真负责。

事实2：A广告公司的员工金谷工作认真负责。

事实3：A广告公司的员工石田工作认真负责。

使用归纳法时的注意点

归纳法作为一种从多项事实中挖掘共同点，并将共同点应用于整体而引出结论的方法，在使用时需注意以下三点。

注意点一：事实失衡

首先就"事实失衡"进行解说。

在上一节中，我们基于"上田工作认真负责""金谷工作认真负责"和"石田工作认真负责"这三个A广告公司员工的事实得出了"A广告公司的员工工作认真负责"这一结论。

但是，倘若我们又知晓了如下事实，接下来将如何应对？

事实4：A广告公司的员工佐佐木工作敷衍了事。

事实5：A广告公司的员工中野工作敷衍了事。

事实6：A广告公司的员工关口工作敷衍了事。

当我们得知这些新事实时，情况就演变为在A广告公司的员工里，有三人工作认真负责，还有三人工作敷衍了事。如此一来，单凭直觉，你也会对"A广告公司的工作氛围很严谨"这一结论产生疑惑。

归纳法作为一种将有限的事实应用于整体并展开推测的推论方法，倘若选取事实的方法有失偏颇，则意味着连推论的大前提都不客观，那么由此得出的结论也定然不够合理。

因此，在使用归纳法时，记得时常反问自己："选取的事实是否足够合理？是否具备代表性？"

注意点二：挖掘共同点的过程不连贯

下面就"挖掘共同点的过程不连贯"这一点进行说明，请看以下案例。

> 事实1：A广告公司的员工上田工作认真负责。
>
> 事实2：A广告公司的员工金谷工作认真负责。
>
> 事实3：A广告公司的员工石田工作认真负责。
>
> 发现共同点：A广告公司的员工都有"官僚气"。
>
> 结论：因此，A广告公司官僚作风盛行。

读到这里，你应该立马觉察到了问题所在。

在该案例中，从事实到挖掘共同点的过程中的逻辑缺乏连贯性。

虽然"三人工作认真"这一事实的表述立场十分中立，可等到挖掘共同点时，突然出现了"有官僚气"这一有失偏颇的判断，其中的推论过程着实让人摸不着头脑。

正如该案例所示，在使用归纳法时，只要存在多项事实，就可以随意挖掘共同点并得出结论。但需要注意的是，倘若做出太过随意的解释，可能会引起他人的质疑：最终结论是否是主观臆断的？

注意点三：结论部分不连贯

最后，就"结论部分不连贯"这一点进行说明，请看以下案例。

> 事实1：A广告公司的员工上田工作认真负责。
>
> 事实2：A广告公司的员工金谷工作认真负责。
>
> 事实3：A广告公司的员工石田工作认真负责。
>
> 发现共同点：A广告公司的员工工作认真负责。
>
> 结论：因此，A广告公司业绩稳定。

读到这里，想必你也对该推论过程产生了疑惑。

该案例的问题在于从挖掘共同点到结论的过程的逻辑连贯性不足。为了从共同点"A广告公司员工的共同点是工作认真负责"得出结论"A广告公司业绩稳定"，必须经过以下推论过程（图2-2）。

发现共同点：A广告公司的员工工作认真负责。

总括：因此，A广告公司的工作氛围很严谨。

推论1：因为A广告公司的工作氛围很严谨，所以为顾客提供服务时应该很讲良心。

推论2：因为A广告公司提供良心服务，所以顾客的满意度应该很高。

结论：因为顾客对A广告公司的满意度高，所以公司业绩应该很稳定。

但是，在刚才的案例中，分析过程并未经过"总括""推论1""推论2"这三个步骤，而是立刻跳到了"结论"。因此，人们很容易产生疑惑：为什么突然冒出了这个结论？

如果只是在职场的闲聊中出现该情况，倒可一笑了之，但要是面向顾客或管理层作了如此说明，后果将不堪设想。因此，一定要养成习惯，在进行重要的提案前，仔细检查运用了归纳法的推论过程是否连贯。

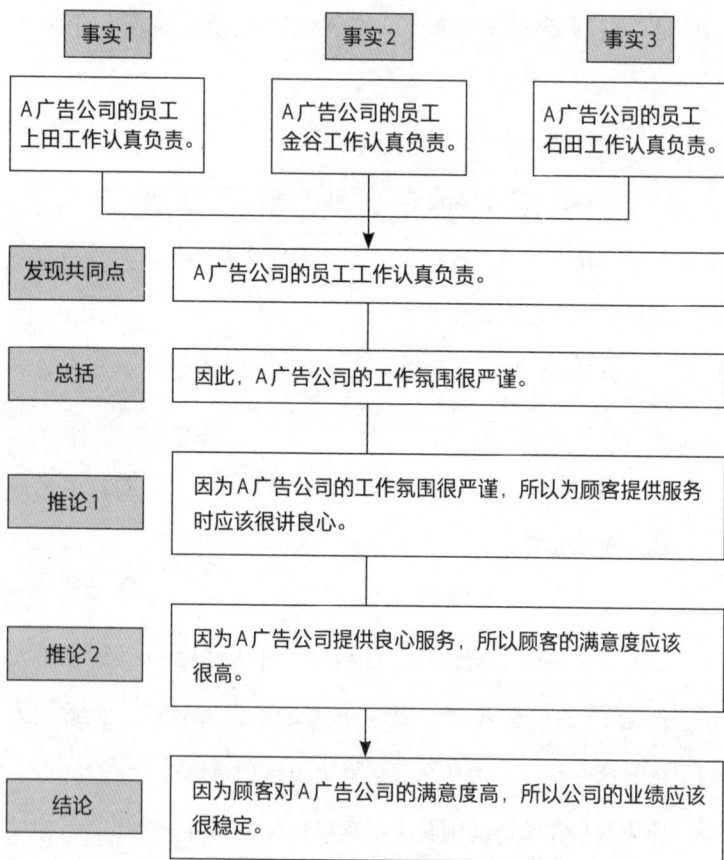

事实1	事实2	事实3
A广告公司的员工上田工作认真负责。	A广告公司的员工金谷工作认真负责。	A广告公司的员工石田工作认真负责。

发现共同点	A广告公司的员工工作认真负责。
总括	因此，A广告公司的工作氛围很严谨。
推论1	因为A广告公司的工作氛围很严谨，所以为顾客提供服务时应该很讲良心。
推论2	因为A广告公司提供良心服务，所以顾客的满意度应该很高。
结论	因为顾客对A广告公司的满意度高，所以公司的业绩应该很稳定。

图 2-2　注意使用归纳法时的结论连贯问题

如何克服归纳法的弱点

如果用一句话概括归纳法，就是一种从多项事实中挖掘出共同点并引出结论的推论方法。换句话说，归纳法就是从有限样本中挖掘出共同点，将共同点应用于整体并引出结论的方法。

既然归纳法是将有限的样本应用于整体，那么可以说，归纳法下的推论，是从部分到整体、从特殊到一般、从具体到抽象的过程。

鉴于推论的过程是将一部分具体事实应用于脱离其自身的整体，因此，推论不可避免地会出现连贯性不足的情况。因此，通过归纳法得出的结论，最多也只能是逻辑高度合理的结论，而非逻辑完美无瑕的结论。

但是，在实际工作里，重要的并非一味地追求逻辑的严谨性，而是满足顾客和决策者的期待并取得他们的理解。如此说来，从实际应用的角度看，我们不应该苛刻地将归纳法当作一种推导出条理清晰的答案的推论方法，而应该把它当作一种基于多项事实来洞察共同点，并将推论过程同对方分享的沟通工具。

这样理解的话，我们应该能克服归纳法的弱点，显著扩大归纳法在工作中的应用范围。

在工作中使用归纳法的情况

无论对归纳法理解得多么透彻，只有将其实际应用于工作之中，我们才能有所收获。因此，接下来为大家介绍在工作中使用归纳法的情况，大致可分为两种。

情况一：捕捉环境变化，制订方针和对策

所有的工作都受环境变化的影响。政治和政策的变化可以引起市场竞争规则自身的变化；经济的变化则对销售额、成本等与利益直接挂钩的价值链❶产生重大影响；社会的变化可以改变销售额的基础——市民的需求结构；科技的变化则会左右在市场竞争中崭露头角的核心要素。

环境变化具有强大的影响力，它有时甚至能动摇我们工作的

---

❶ 哈佛大学商学院教授迈克尔·波特于1985年提出的概念。企业的价值创造是通过一系列活动构成的，包括设计、生产、销售、发送和辅助其产品的过程中进行种种活动的集合体，所有这些活动构成了一个创造价值的动态过程，即价值链。

根基。这其中暗流涌动，对于很多变化，仅凭一家企业之力根本难以抗衡。如此一来，对我们来说最合理的行动，就是发现多处环境变化背后暗藏的原理，制订符合原理运行方式的方针、对策。

你应该已经敏锐地注意到了，当我们基于环境变化制订方针、对策时，正是归纳法大展身手的好机会。

多项事实：多处市场环境的变化。

发现共同点：其背后暗藏的通用原理。

结论：符合该原理运行方式的方针、对策。

归纳法非常适合同外部环境分析模型搭配使用，诸如PEST分析模型和3C分析法。

请允许我对不熟悉分析模型的读者展开介绍一下。PEST分析模型的提出者是西北大学凯洛格管理学院教授菲利普·科特勒，他被誉为"现代营销学之父"。PEST分析作为分析时代潮流（宏观环境）对企业影响程度的模型而广为人知。

"PEST"取自四个英文单词的首字母，分别是Politics（政治）、Economy（经济）、Society（社会）和Technology（科技）。

以这四个要素为切入点，用PEST分析模型对宏观环境进行分析，可用于制订经营战略和市场营销战略。

3C分析法是由曾任职于麦肯锡顾问公司的大前研一提出的，他将我们所处的市场环境分为Customer（市场顾客）、Competitor（竞争对手）和Company（企业自身）三要素，并用该三要素分析市场动向。

将模型烂熟于心的小窍门

尽管这些模型可以说是制订战略时的固定选择，但这样的声音仍不绝于耳："试着用了这些模型，但总是用不好。""没法熟练运用。"

通过具体分析这些问题的原因，我们会发现一个共同点：使用这些分析模型时，当事人往往仅将其当作整理信息的补充工具，而不是进行归纳性推理的工具。

PEST分析模型和3C分析法等经济模型，若在你眼里只是补充信息的工具，那么它们就只是装着如同考题的标准答案般的信息的箱子，你将无法从中获取任何有价值的启示，最终止步于单单获取知识。

有关经济模型，不应该仅仅将其视作收集和整理信息的工具，只有当我们使用该模型进行归纳性推论，并得出有价值的启示时，才算真正熟练地掌握了它。

如果你想捕捉环境的变化，制定出色的战略方针，那么在使用PEST分析模型和3C分析法时，请有意识地进行归纳性推论。

多项事实：多处市场环境的变化。

发现共同点：其背后暗藏的通用原理。

结论：符合该原理运行方式的方针、对策。

情况二：从生活现象中发现法则

如果你是一名商务人士，应该会试图从各类工作经验中学习，以促进自己进步。但是，倘若你将"促进自己进步"与"获取很多知识"画等号，那么你的上升空间将是有限的。这是因为，正如前文解释的一样，知识不过是从前人之处所"借"之物，而非你独有的智慧。

此外，随着互联网和社交媒体的发展，知识更新换代的速度逐年加快。因此，当知识过时的速度超过你学习知识的速度时，你个人的发展也就受限了。

所谓真正意义上的进步，并非指获取转眼间就被淘汰的知识，而是指积累能突破时代的限制，具有高度可重复性的法则。

所谓法则，是指在一定条件下，事物之间存在的普遍且必然的关系。如果你能不断积累通过推论得到的法则，它应该能直接增强你的竞争力。

由此一来，获得能独立于时代且能多次出现的法则，这对你的发展至关重要。为此，希望你能充分利用归纳法。

为便于理解，下面举例说明。

假设你是某企业的活动负责人，从举办的各式各样的活动中，你注意到了如下事实。

事实1：活动A以"旅行"为创作主题，吸引了很多顾客。

事实2：活动B以"宇宙"为创作主题，吸引了很多顾客。

事实3：活动C以"图鉴"为创作主题，吸引了很多顾客。

如果你掌握了归纳法，那你应该会从这三个事实中寻找共同点。最终，你将发现如下共同点。

发现共同点：这三个活动都包含了创作主题。

如此一来，你将从各式各样的活动策划中得出如下结论。

结论（法则）：如果在活动中加入创作主题，将能吸引更多顾客。

这意味着，你通过在众多活动中积累的经验，得到了专属于你的法则。同时，因为活动A、活动B、活动C都因包含创作主题而吸引了很多顾客，所以你判断出该法则应该能反复运用。如此一来，在今后的活动中，你也可以通过提出包含创作主题的策划，继续拿出优秀的工作成果。

再来看看另一个例子。假设你是某企业事业战略负责人，在对各项企业事例进行个案研究时，你注意到了如下事实。

事实1：某冰激凌品牌收益高。

事实2：某电商品牌收益高。

事实3：某眼镜品牌收益高。

已经理解归纳法的你应该会意识到，在这三者之间存在某种共同点。

乍一看，三个品牌之间好像没什么共同点，但深入调查研究一番，你会发现如下共同点。

发现共同点：这三个品牌都是开拓新市场的顶级品牌。

的确，该冰激凌品牌开拓了高端冰激凌新市场，市场占有率位居榜首；该电商品牌打造了网上书店，在市场上独占鳌头；该眼镜品牌则抢先推出蓝光眼镜，成为大家所熟悉的顶级品牌。

这样一来，你将通过归纳法得到如下法则。

结论（法则）：倘若成为开拓新市场的顶级品牌，将会获得高收益。

"某冰激凌品牌收益高""某电商品牌收益高""某眼镜品牌收益高"这三个事实，不过是稍微检索一下就能知道的知识。但很明显的是，比起仅仅获取知识，通过归纳法发现"倘若成为开拓新市场的顶级品牌，将会获得高收益"这一法则，将更有助于你的发展。

为了让你更加熟悉归纳法，让我们再来看一个例子。

事实1：水能喝。
事实2：水能清洗物品。
事实3：水能灭火。

乍一看，这三个事实之间好像也不存在任何共同点，但倘若进行深度思考，发挥推论能力，你将能把从归纳法中得到的共同点变为法则和武器。

那么，从这三个事实中，你究竟能发现什么共同点并将其转变为法则呢？从这三个事实中能得到的共同点如下所示：

发现共同点：在理解具体实物（水）时，三个事实都将其抽象为了某种概念。

所谓抽象，是指尽管以有形的实物为头绪，但不受其束缚，可以从中提取出无形的概念。

虽然"水"本身是物理意义上可视的实物，但通过脱离水这一实物，我们可以提取出诸如"能喝""能清洗物品""能灭火"等物理意义上不可视的概念，发现水具备的价值。

如此一来，我们能获得的法则如下所示：

结论（法则）：从实物中提取概念，可以发现实物所具备的多重价值。

只要实物受到外形的限制，我们能从中获取的价值就是有限的（图2-3）。

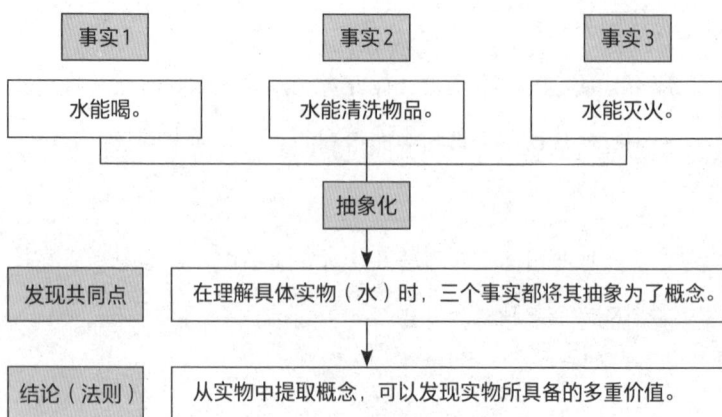

事实1	事实2	事实3
水能喝。	水能清洗物品。	水能灭火。

抽象化

发现共同点	在理解具体实物（水）时，三个事实将其抽象为了概念。
结论（法则）	从实物中提取概念，可以发现实物所具备的多重价值。

图 2-3　通过归纳法获取法则

若只将智能手机看作实物，那它就只是方块金属。但是，倘若能从实物中提取出概念，你就能发现智能手机具备的多重价值，诸如能打电话、能发邮件、能在网上收集信息、能拍照等。

如果你能将这条法则视作启示，那你将能掌握思考方法，不再受限于实物，能够从中提取出概念，创造价值。

众多的法则都来源于归纳法。如果你能够通过事实和经验获取众多法则，那么这些法则必将成为你的武器，加速你的发展，增强你的竞争力。

使用归纳法的步骤

正如前言部分所述，推论能力的强弱与智力无关，而是取决于我们的思考方法。这对归纳法也同样适用，无论从何时开始，只要掌握了思考步骤，任谁都能掌握归纳法。

接下来就使用归纳法时的思考步骤进行说明，大致可分为如下四步。

第一步：觉察各项事实

归纳法是一种从多项事实中挖掘共同点并引出结论的推论方法。因此，归纳法的起点是注意到多项事实。对我们来说，此时不可或缺的正是观察力。

观察力决定了我们的认识。毫不夸张地说，观察力决定了我们眼里的世界本身。这是因为，所有人都必须透过由自己的认识所形成的一层滤网，才能看到这个世界。

人们会仅将自己注意到的事物划定为自我世界的全部。并且，人们在进行思考、判断与行动时，也只限于自己注意到的事物的范围之内。

请记住，观察力是我们与世界建立联系的过程中十分重要的一环。自不用说，在观察中能有多少发现，对我们的个人发展，甚至是对拓宽我们眼中的世界，都能带来不可小觑的影响（图2-4）。

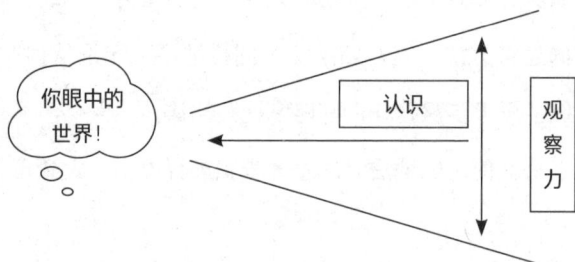

图 2-4　观察力决定你眼中的世界的宽度

每个人一天的时间都是24小时，而且每个人都可以轻而易举地获取各种信息。但是，通过观察去注意到一些事实并进行推论，将会使你与他人拉开几倍，甚至几十倍的差距。

这样一想，你应该能够明白，有关构筑"你眼中的世界"的观察力，是在自由地使用归纳法时非常重要的一种能力。

世间存在的万物都是拓宽"你眼中的世界"的客体，也是你进行练习的素材。要想锻炼归纳法的基础——观察力，必须要意识到自己的目的，养成不断试图获取新发现的思维习惯。

如果你想掌握观察力，希望你能采取以下三项行动。

行动一：缩小焦点

人若是时常惦记与自己息息相关的事情或想深入了解的主题，就会对相关信息更加敏感，这在心理学上被称为"鸡尾酒会效应"❶。

假定你从事网络营销的工作，那么在阅读报纸和业界杂志时，你应该会很自然地关注网络营销的动态，以及当前同行业其他公司进展状况的相关新闻。

同时，就算不具备直接关联性，你应该也会关心其周边领域的信息，诸如大数据和AI相关的新闻。此外，你还可能对经济走向、营销、品牌管理的变化与消费者行为变化等非常敏锐。也就是说，你具备一个更加广阔的视野。

人所能聚焦的对象是有限的，对于自己不感兴趣的东西，哪怕重复看成千上万次，终归无法觉察到它们的存在。

---

❶ 指人的一种听力选择能力。在这种情况下，注意力集中在某一个人的谈话之中而忽略背景中其他的对话或噪声。

如此一来，最合理的行动就是先缩小焦点，提高对特定领域的关注度，尽可能多地去觉察事实。这样下去，迟早有一天，你所关注的领域会与其所在的大环境挂钩，帮助你加深对该领域的理解。

行动二：具备视角

如果能拥有变化的视角，应该能注意到更多的事实。这是因为，比起对某一瞬间进行抓拍，通过捕捉时间数列下的变化，人们更容易有许多新发现。

同时，有意识地持有比较视角也十分有效。通过进行比较来捕捉差异，会更容易有新发现。

此外，如果你是一名商务人士，具备"模型视角"更是锦上添花。这是因为，很多工作模型也往往被视为抓住工作核心的"视角合集"。

如果你知道"波特五力模型"[1]，那你将能有意识地基于五个视角——供应商的讨价还价能力、购买者的议价能力、潜在竞争者进入的能力、替代品的替代能力，以及同行业内现有竞争者的

---

[1] 迈克尔·波特（Michael Porter）于20世纪80年代初提出的理论。他认为，行业中存在着决定竞争规模和程度的五种力量，这五种力量综合起来影响着产业的吸引力以及现有企业的竞争战略决策。

竞争能力，来分析自家企业所在行业的现状，注意到一直以来未曾注意到的事实。

或者，如果你知道"4P分析模型"❶，那你应该可以通过以Product（产品）、Price（价格）、Place（渠道）、Promotion（宣传）四个视角，获得以往在营销领域未曾觉察到的启示。

因此，很多工作框架都在给我们提供视角，倘若我们能通过各种各样的视角进行观察和思考，那么也肯定会得到觉察新事实的契机。

行动三：怀疑所谓的理所当然

生活中潜藏着各种各样的事实，它们会帮助我们获得一些有趣的发现。但是，一旦人们开始认为某件事理所当然，从而降低了注意力，就会愈来愈难注意到有价值的事实。

经验和习惯导致的理所当然、常识和固有概念导致的理所当然、权威和社会共识导致的理所当然，这些因素都会降低你的观察力，从而影响你的判断。最终，你与有价值的事实失之交臂，推论能力得不到提高，个人发展的可能性也越发受到局限。

---

❶ 杰罗姆·麦卡锡（E. Jerome McCarthy）于20世纪60年代提出的一个关于市场营销学的概念。

对于理所当然，只有当你意识到其存在时，才能进行评价和推论。

在你眼前，每天大概会出现几十个宝贵的瞬间，至于你能否注意到它们，能否将它们作为使用归纳法的事实基础加以有效利用，都取决于你自己的思维习惯。

第二步：从多项事实中发现共同点

如果我们通过观察力注意到了各项事实，那么，下一个任务就是从多项事实中发现共同点。到了这一步，我们才算真正推开了推论世界的大门。

从多项事实中发现共同点的方法，大致可归为以下两种。

第一种，从观察得到的多项事实中，直接发现共同点。

第二种，从观察得到的多项事实中，通过洞察发现共同点。

为便于区分，本书将前者称为"观察归纳法"，将后者称为"洞察归纳法"。

观察归纳法与洞察归纳法

使用观察归纳法时的思考方法非常简单，让我们再回顾一下之前的案例。

事实1：A广告公司的员工上田工作认真负责。

事实2：A广告公司的员工金谷工作认真负责。

事实3：A广告公司的员工石田工作认真负责。

发现共同点：A广告公司员工的共同点是工作认真负责。

仔细看看这个推论过程，你应该能发现，在通过观察得到的多项事实中，已经包含了"共同点是什么"这一问题的答案，即"他们工作都认真负责"。

在通过观察得到的多项事实中，已经包含了共同点的情况，就适合使用观察归纳法。因此，大脑要做的事情非常简单，就是从事实中找出共同点。

另一方面，运用洞察归纳法时，为挖掘共同点，我们需要认真思考。这是因为，在通过观察得到的多项事实中，并不直接涵盖答案。

此处也采用前例进行说明。

事实1：水能喝。

事实2：水能清洗物品。

事实3：水能灭火。

读到这里，你应该已经明白，这三项事实中并不包含直接共同点。

这三点的共同点如下：

> 发现共同点：在理解具体实物（水）时，三个事实都将其抽象为某种概念。

因此，发现这一共同点需要洞察力。

所谓洞察力，正是指一种以看得见的事实为头绪，看穿深藏着的看不见的事实的能力。所谓看不见的事实，既可能是概念，又可能是关系、原理、本质等。

正因为无法直接观察到这些看不见的事实，所以我们很容易将它们忽视，这也正是困难所在。但是，考虑到所有人都很容易忽视这些看不见的事实，所以，一旦你能发现它们的共同点，你将更容易抢先他人一步，将其转化为你的竞争力（图2-5）。

抽象思考和多元视角

那么，要怎样思考才能发现看不见的共同点？关键在于同时具备抽象思考和多元视角这两种技能。

所谓抽象，是指尽管以存在外形的实体为思考头绪，但不受

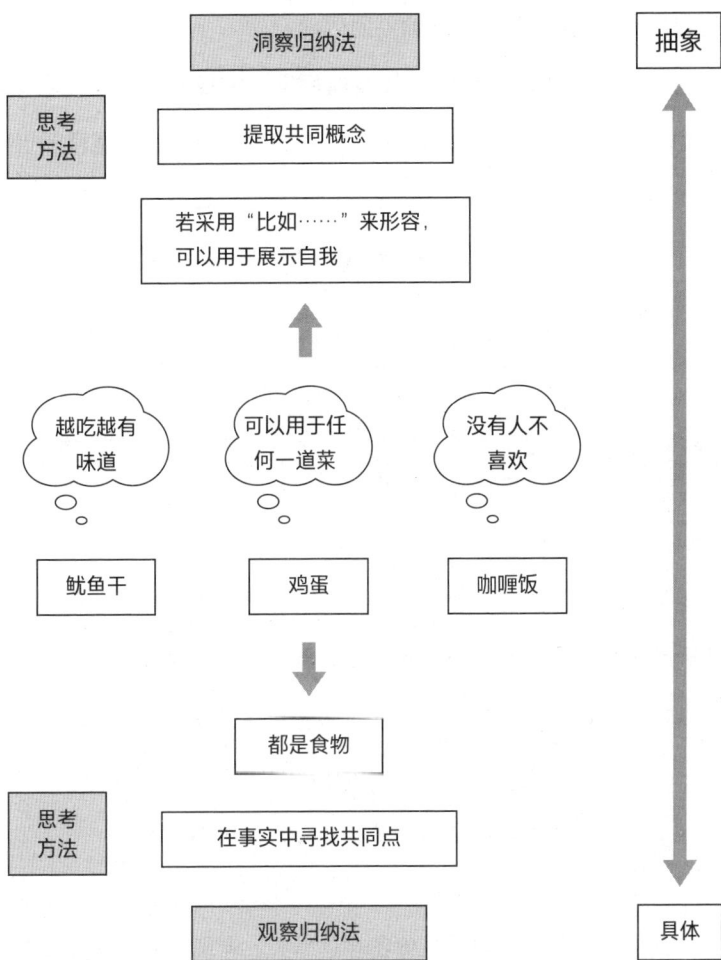

洞察归纳法

思考方法

提取共同概念

若采用"比如……"来形容，可以用于展示自我

越吃越有味道

可以用于任何一道菜

没有人不喜欢

鱿鱼干

鸡蛋

咖喱饭

都是食物

思考方法

在事实中寻找共同点

观察归纳法

抽象

具体

图 2-5 使用洞察归纳法和观察归纳法时的思考方法

其束缚，从中提取出不存在外形的概念。比如，一说起"水"，就想到"能喝"，就是一种抽象的体现。

所谓多元视角，是指从各类视角重新审视通过抽象思考得到的概念。比如，一说起"水"，就想到"能喝""能清洗物品""能灭火"。

为了加深理解，让我们来看看别的例子。

事实1：钱越花越少。

事实2：工厂越用越老旧。

事实3：原材料越用越少。

单看"钱""工厂""原材料"，三者风马牛不相及，但试着让大脑不拘于物体的外形，提取出不存在外形的概念，在尝试各种推论后，你应该能意识到：这三者都是企业资产。

发现共同点：它们都是企业资产。

但是，倘若你的思考只停留在这一点，那就半途而废了。接下来，让我们试着用多元视角分析"它们都是企业资产"这一概念。

假设多元视角的切入点如下所示（表2-1）。

表2-1　多元视角案例

1. 目的VS手段	19. 个别VS群体
2. 整体VS部分	20. 多方面VS多数量
3. 现象VS原因	21. 长期VS短期
4. 共同部分VS特殊部分	22. 俯瞰VS变焦
5. 独立存在VS相互关联	23. 作用VS反作用
6. 数量VS质量	24. 趋势VS热潮
7. 物理角度VS价值角度	25. 理性VS感性
8. 呈现方式VS框架结构	26. 立足于当前VS从未来倒推
9. 商品视角VS消费者视角	27. 改善VS改革
10. 积极VS消极	28. 表面VS内部
11. 隐喻VS明喻	29. 效果VS效率
12. 数据VS故事	30. 作用VS副作用
13. 自我责任VS他人责任	31. 收益VS风险
14. 消费VS投资	32. 综合VS专攻
15. 逻辑VS情感	33. 绝对VS相对
16. 流通量VS库存量	34. 质量VS速度
17. 连锁VS阶层	35. 抛梗VS收梗
18. 准确性VS简明性	

通过运用种种视角，你应该还能发现"钱""工厂""原材料"都是企业的"有形资产"。因此，你发现的新共同点如下：

发现共同点：它们都是企业的有形资产。

第三步：发现结论和法则

到了这一步，你可以通过对照"钱越花越少""工厂越用越老旧""原材料越用越少"这三个事实，得出以下法则：

结论（法则）：企业的有形资产越使用，价值越低。

但想必在你眼里应该早把这一结论当作理所当然了吧。

已经具备了觉察新事实的能力的你，既然把"企业的有形资产越使用，价值越低"这一事实视为理所当然，那么你脑海里应该会浮现这样的疑问："那企业的无形资产又会怎样呢？"

在这里，为复习抽象思考和多元视角这两种技能，让我们来看一个有关无形资产的案例。

事实1：技术、技巧使用得越多，它就越固定在组织结构中。

事实2：专利的用途越广，它的资产价值就越高。

事实3：领袖能力施展得越多，它就越能得到磨炼。

抽象：进行抽象提炼，发现它们都是企业的资产。

多元视角：运用多元视角，发现它们都是企业的无形资产。

发现共同点：它们都是企业的无形资产。

结论（法则）：因此，企业无形资产越使用，价值越高。

因此，使用洞察归纳法可以发现新的法则——虽然企业的有形资产越使用价值就越低，但企业的无形资产越使用价值就越高。

第四步：使用类比法，应用法则

最后一步，让我们来学习如何使用类比法将归纳法所获得的众多法则应用于其他领域。

类比法是一种将我们知晓的法则恰当地应用于其他领域的方法。如果通过洞察归纳法得到的法则能够适用于其他领域，那么该法则会更加准确，应用范围也会更广。

试着将上面得到的法则应用于其他领域，结果如下：

结论（法则）：企业的无形资产越使用，价值越高。

应用1：数据（无形资产）越使用，价值越高。

应用2：文化信息（无形资产）越使用，价值越高。

应用3：大脑中储备的知识（无形资产）越使用，价值越高。

这样一看，因为适用于众多无形资产，所以可以说，"企业的无形资产越使用，价值越高"这一法则非常准确，应用范围非常广。

像这样，洞察归纳法通过巧妙导入抽象思考和多元视角这两种技能，令创造性推论成了可能。更有价值的是，你开始注意到一直以来未能注意到的法则，并能将法则应用于其他领域。

如果你不会运用抽象思考和多元视角这两种技能，那你就发现不了"钱""工厂""原材料"的共同点。如果你不会使用类比法，那你也发现不了各项事物之间的联系，只会把它们视作单一的个体。最终，你的推论范围不会扩大，你也不会发现"企业的无形资产越使用，价值越高"这一法则。

洞察归纳法的着眼点

为了熟练使用洞察归纳法，我们需要习惯于发现看不见的抽象概念，并基于抽象概念进行思考，而不是从看得见的事实中思考。这时，以下着眼点能提供相应的思路。

1.从事实中看穿看不见的前后联系。假设"销售额1000亿日元"是看得见的事实，通过思考看不见的前后联系——今后销售额是将持续提高还是下降，"销售额1000亿日元"所具备的意义大不相同。

2.从事实中看穿看不见的层级。假设销售额是看得见的事实，通过揣摩看不见的层级——它是属于中长期战略层级的内容还是月销售额数据层级的内容，对销售额的理解都大不相同。

3.从事实中看穿看不见的关联性。假设提案书是看得见的事实，通过了解看不见的关联性——提案书的提出者是现场负责人还是管理层领导，对提案书的理解都大不相同。

4.从事实中看穿看不见的价值观。在曾经的泡沫经济时期，企业非常重视以公司为家、能为公司鞠躬尽瘁的工作狂型的员工。但当前，日本政府大力推行工作方式改革，高效工作的员工备受企业重视。工作作为看得见的事实，受到看不见的价值观的变化的影响，而对正确的工作方式的定义也发生了翻天覆地的变化。

5.从事实中看穿看不见的感觉。我们都见过这样的情况——一爆出某艺人的负面新闻，一夜之间，民众对该艺人的好感度一落千丈。也就是说，艺人自身没有变化，但民众对于该艺人的感觉却骤然大变。尽管艺人这一看得见的事实并没有发生变化，但因为看不见的感觉发生了变化，事物蕴含的价值也变得不同。这一理解对于分析大数据（看得见的事实）和其背后的消费者心理、情感（看不见的事实）的关系也同样适用。

如果能从看得见的事实中看穿看不见的概念，并在此基础上进行思考，你将会获得未曾有过的发现。

做任何事都很优秀的人

职场里有很多做什么事都很优秀的人，这群人有一个共同的习惯——从微不足道的小事中发现看不见的事实，使用洞察归纳法将其归纳为法则，再将其应用于不同的领域。

这群人经常会说"从消遣中能得到工作灵感"，换句话理解，这是指他们可以将从消遣中得到的法则应用于工作等诸多领域。

此外，管理层之所以喜欢阅读军事理论著作或运动队领队著作，也是因为管理层想将从不同领域获取的法则应用于自家企业的经营战略中。

于是，擅长使用洞察归纳法的人都养成了从万事万物中获取法则，并将其应用于不同领域的习惯。与不会使用洞察归纳法的人相比，他们能从一次经验中获得多达几倍的收获。

此外，考虑到其他行业的成功事例也能在归纳为法则后应用于自家企业，他们的思考还具备思维视野宽阔的特征。就算进行头脑风暴，他们也能将过去的事例、其他行业的事例等套入自家企业进行思考。

如果你能使用类比法，将通过洞察归纳法发现的法则应用于不同领域，看得见的世界在你眼中将被成倍放大，你应该也会离做任何事都很优秀的人更近一步。

如何在工作中使用归纳法

不管对使用归纳法的步骤理解得多么透彻，只有将归纳法实际用于工作中，我们才能得出成绩。因此，接下来就将归纳法运用于工作的方法进行说明。

方法一：把握趋势，发现机会

倘若管理层领导让你思考今后能撑起整个公司的新业务，你一开始会采取什么行动？

一般情况下，容易成功的事业具备如下特点：能事先设想到足够规模的市场扩张，不存在强有力的竞争对手，能够发挥自家企业的优势。如此一来，你应该最先思考市场动态。为了明确行动，你必须要认清世界的趋势。

但不容置疑的是，世上有数不尽的趋势。在这其中，既有最终成为我们生活的一部分的时代大势，也有转瞬即逝的一时的潮流。

为了在繁杂的世界动态中发现商机，我们需要找到能让人确信某种趋势能够经久不衰的依据。这时，运用归纳法进行的推论就派上了用场。

假设你是教育行业新业务的负责人，如果你使用了前文提到的PEST分析模型，在政治、经济、社会、技术领域，你应该能发现数不尽的趋势。

但仅到这一步，你只能算是收集了众多信息，填补了信息空白，而这些信息还没有发挥任何实质性的作用。对你来说，当前需要的是从众多信息中得到可靠度高的商机。

如何提高可靠度

所谓可靠度高，是指有很多可以佐证结论的依据。反过来说，当我们遇到多项事实都指向同一结论时，就可以认为其可靠度很高。读到这里，你应该也注意到了，这同归纳法的推理逻辑别无二致。

假设，在收集到的信息中，你关注到如下信息。

教育机构的趋势（事实）

政治角度：为适应产业结构、就业结构的变化以及技术

创新，日本文部科学省❶为普通市民提供系统的学习机会，当前正在推广"回流教育"（职场人的再教育）。

经济角度：2011年后，工作人数超过两人的家庭的年收入持续增加。

社会角度：1997年后，夫妻共同工作的家庭数量持续增加，女性进入职场的情况持续发生。

技术角度：随着智能终端和IoT的进步，大规模开放的在线课程——慕课（MOOC）在日本以外的国家发展得如火如荼。

假设通过将这些事实抽象化并从多元视角进行思考，你将发现以下共同点。

发现共同点：可以通过智能终端对职场女性提供"回流教育"。

为巩固理解，让我们再来看看别的例子。假设你是汽车行业

---

❶ 日本中央政府的行政机构之一，负责统筹日本国内教育、科学技术、学术、文化及体育等事务。

某新业务负责人，你可能会考虑如下商机。

汽车行业的趋势（事实）

政治角度：在ESG[1]及SDGs[2]的带动下，日本汽车行业需要使用更加环保的能源，为打造宜居城市助力。

经济角度：尽管日本国内的新车销量呈递减趋势，但租赁汽车和共享汽车的需求正在增加。

社会层面：年轻人拥有私家车的欲望降低、司机老龄化问题、危险驾驶和交通拥堵问题在日本渐渐浮出水面。

技术角度：IoT技术、定位技术和自动驾驶技术正逐步在日本投入实际应用。

发现共同点：作为社会基建的一环，提供无人驾驶汽车的服务。

像这样基于PEST分析法的四个视角分析政治、经济、社会和技术的趋势，再通过概念化和多元视角发现共同点，就能发现更可靠的商机。

---

[1] 环境（Environmental）、社会（Social）和公司治理（Governance）。

[2] 联合国可持续发展目标（Sustainable Development Goals）。

方法二：分析环境，制订战略

所谓战略，追根溯源就是两个行为——选择与集中。这是因为任何事业所能投入的资源（人力、物力、财力）都是有限的，而为了利用有限的资源拿出最好的成果，我们必须通过选择最有希望拿出成绩的领域，集中投入资源，创造投资影响力。

如果没有战略，那么选择和集中也就无从说起，当事人会陷入不知道该努力干些什么的困境，资源分配也不过是"雨露均沾"罢了。最终，实施这些措施就仿佛朝沙漠洒水一般，由于太过微弱，难以产出切实的业绩。

在所有工作中，战略和战术分别承担着决定工作方向、加速在此工作方向上前进的任务。如此一来，倘若战略出现问题，工作方向就会不准确，接下来的战术只会加速工作朝错误方向前进。

如何提出高瞻远瞩的战略

战略是商界里非常重要的一环。要提出高瞻远瞩的战略，归纳法不可或缺。

所谓高瞻远瞩的战略，具体是指发现并选择存在市场机会、竞争对手存在不足、能发挥自家企业优势的领域，并将资源集中投入到该领域的行为概念。倘若套用归纳法，也可以理解为是基于多项事实，发现三者的共同点。

通过把归纳法导入 3C 分析模型，制订战略将会更加容易。例如，可以依照如下流程。

1. 捕捉事实。

事实 1：Customer（顾客）：明确吸引潜在顾客的市场机会。

事实 2：Competitor（竞争对手）：明确竞争对手的弱点。

事实 3：Company（自家企业）：明确自家企业的优势。

2. 发现共同点。

共同点：发现"市场机会""竞争对手的弱点""自家企业的优势"重合的领域。

3. 得出结论。

结论：发现并选择上述三者重叠度高的领域，在评价优先级后集中投入资源。

通过熟练综合运用 3C 分析模型和归纳法，我们可以发现满足存在市场机会、竞争对手存在不足、能发挥自家企业优势这三个条件的领域。

方法三：捕捉生活方式的变化，应用于概念设计

概念设计作为一项将想法变为具体实物的工作，是开发产品

和服务时非常重要的一环。因为概念设计通过结合实体和概念决定成品形态，是开发产品和服务时的第一步。

商品开发是从决定产品和服务的形态开始的，负责人通常首先要思考"什么东西能使我们的生活更加便利""什么东西能够热卖"等问题。

接着，下一步是功能设计，即决定构成要素所需发挥的作用，以实现产品和服务的形态。

再下一步是外观设计的环节，它将决定功能的呈现形式。

通过观察开发产品和服务的过程，我们发现，其立足点在于决定成品形态的概念设计。倘若成品形态发生改变，其后有关功能与外观的设计也将发生变化（图2-6）。

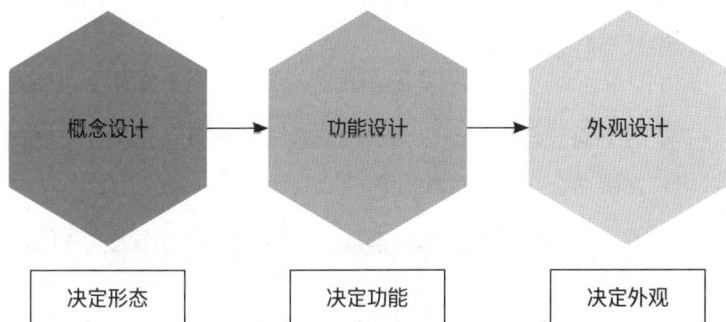

图 2-6　开发商品的顺序

此外，对于顾客来说，概念设计还是孕育价值的源泉。

当前，你手边应该放有你的智能手机，但是，假设从未见过智能手机的原住民拿起手机，他们将作何反应？

让你爱不释手的智能手机，对于原住民来说不过是一块"板砖"，毕竟它在狩猎和农活方面完全派不上用场，兴许他们也会饶有兴趣地把玩一阵，但早晚也会把它搁置一旁。

之所以会发生这样的情况，是因为原住民仅仅认识了"板砖"这一实体，而没有理解诸如"能上网获取信息""能远程交流""能拍照"等概念。

对于所有事物，我们都能将实体与概念分离开来思考，倘若能向仅为实体的物体里导入未曾有过的概念，新的价值也将孕育而生。

概念设计与洞察归纳法

实体是企业独一无二的实物资产，而概念则从属于消费者的认识，无限期存在。概念设计的核心在于，为了创造价值，从消费者一方无限期存在的概念中选取哪一部分，来与作为实体的产品和服务结合。

在此，希望大家依然记得上一节介绍的观察归纳法。

观察归纳法有两步：第一步是抽象思考——尽管以存在外形

的实体为思考头绪，但不受其束缚，从中提取出不存在外形的概念；第二步是多元视角——从各类视角重新审视通过抽象思考得到的概念。这样看来，观察归纳法非常适合与概念设计一同使用。

让我们来举例说明，假设你是某服装企业打造新品牌的负责人，你需要理解各种生活方式的发展趋势，顺应趋势打造新的品牌。

假设在众多生活方式的趋势中，你关注到如下趋势。

趋势（事实）1：诸如创业、自由职业、远程办公等不拘于以往的框架，尊重个人自由的生存方式、工作方式正在普及。

趋势（事实）2：与打造企业品牌、团队品牌相比，当前打造个人品牌的潮流也很盛行，诸如在Facebook、Twitter、NewsPicks❶的实名投稿和个人品牌构筑。

趋势（事实）3：随着社交媒体的崛起，纵向等级制度逐步解体，同一立场、横向维系的社会正在形成。

通过抽象思考这些生活方式的发展趋势，使用多元视角重新

---

❶ 日本商业类新闻客户端。

审视，我们可以发现如下共同点。

> 发现共同点：三个趋势都体现了不受组织束缚、想时常保持独立自主的思潮。

如此一来，品牌的概念设计应为：

> 结论（概念设计）：不受组织束缚、体现独立自主的服装。

倘若你熟练掌握了洞察归纳法，从多项事实（趋势）中发现了概念（共同点），你就可以创造新的价值（概念设计）。

方法四：基于多项事实进行提案

倘若你是一名商务人士，在进行提案时，上司应该曾对你指出过以下问题。

> 说了这么多，你的最终目的是什么？
>
> 内容太冗长了……能不能只给我说明要点？

为什么这么想？这难道不纯粹是你的一时兴起？

因工作伴有投资行为，所以负责人时常肩负说明的责任，而到了提案环节，有理有据的说明更是必不可少。

归纳法作为一种以多项事实为基础得出结论的方法，同以多项事实为依据进行提案的提案行为非常合拍。

如果你能使用归纳法明确提案（结论）和依据（多项事实），那么，先阐述结论，再将多项事实作为依据进行说明，就能清晰地向听者传达你的想法。也就是说，你能简明且有逻辑地说明你的想法。

由于支撑结论的逻辑清晰，听取提案的一方也能系统地理解你的提案。

让我们举例说明，假设你是某企业的新业务负责人，你关注到了伴手礼市场，想对管理层提议加入伴手礼市场。

但是，无论你多么努力地强调"我们应该加入伴手礼市场"，但只要没有相应的依据，这都只算是你的一时兴起，上级不会通过你的提案。

因此，你为了对管理层进行有依据的提案而收集了信息。假设你发现了如下事实。

事实1（市场的角度）：伴手礼市场的规模逐年扩大。

事实2（竞争对手的角度）：在伴手礼市场，不存在资本雄厚的强有力的竞争对手。

事实3（自家企业的角度）：伴手礼市场能够发挥自家企业的服务优势。

通过从这些事实中发现共同点并应用于提案，结果如下所示：

发现共同点：三者的共同点在于"伴手礼市场对自家企业非常有吸引力"。

结论（提案）：自家企业应该加入伴手礼市场。

这样一来，你的提案将会更具说服力。

在逻辑思考的世界，为了检验逻辑的一致性，有一种"Why so（为何这么说）"与"So what（那又如何）"的检查方法，让我们将其套入本案例来看看。

套入"Why so"

提案：自家企业应该加入伴手礼市场。

依据：因为伴手礼市场对自家企业非常有吸引力。

"Why so"（为何这么说）

伴手礼市场的规模正在扩大。

在伴手礼市场，不存在资本雄厚的强有力的竞争对手。

伴手礼市场能够发挥自家企业的服务优势。

套入"So what"

事实1：伴手礼市场的规模正在扩大。

事实2：在伴手礼市场，不存在资本雄厚的强有力的竞争对手。

事实3：伴手礼市场能够发挥自家企业的服务优势。

共同点：伴手礼市场对自家企业非常有吸引力。

"So what"（那又如何）

提案：自家企业应该加入伴手礼市场。

如果你能把归纳法运用自如，那么你的提案将会从一时兴起变为基于多项事实、极具说服力的内容。

方法五：从多项事实中发现问题的根源

我们推进的所有工作，面向的都是不确定的未来。因此，工作中多少都会出现些问题，而这种情况里一定存在致使问题出现的根本原因。如果我们不能针对原因提出解决对策，就只能是治标不治本。最终，因解决对策的效果有限，根本问题得不到解决，同样的问题迟早还会再次出现。

其实，问题与原因的关系，正是看得见的事实与看不见的背后缘由的关系。由于导致问题产生的原因不可见，所以就算能看见问题本身，我们也只能使用推论摸索问题的成因。

换句话说，为了弄清楚问题的成因，我们需要从多个碎片化的线索（看得见的事实）中看清背后缘由（看不见的原因）。

这时，必不可少的就是归纳法——从多项事实中挖掘共同点并引出结论的推论方法。

这里也为大家举例说明。

假设你是某杂货店所属企业的营销负责人，当前正苦恼于销售业绩低迷，在详细分析后发现了如下事实。

事实1：郊区购物中心设立的分店的销售额持续提高。

事实2：市中心车站大厦设立的分店的销售额持续下降。

事实3：购物网站的销售额持续下降。

面对这些事实，你有什么解决问题的对策？只看上述三个事实，你应该会想对市中心车站大厦的分店和购物网站实施补救措施。

但是，使用洞察归纳法，抽象思考并以多元视角重新审视这些事实，你应该能注意到如下特征。

抽象思考&多元视角1：郊外购物中心的消费者多为已成家的30～40岁群体。

抽象思考&多元视角2：市中心车站大厦的消费者多为20～29岁的年轻群体。

抽象思考&多元视角3：购物网站的消费者多为20～29岁的年轻群体。

接着，将这些特征与刚才的三个事实进行对照分析，你可以得出以下结论。

结论（问题的根本原因）：自家企业的杂货店的年轻消费群体逐渐流失，当前消费主体呈老龄化趋势。

我想你已明白，倘若杂货店销售额下降的根本原因在于"年轻消费群体的流失"，那么，无论如何解决"市中心车站大厦设立的分店的销售额下降""购物网站的销售额下降"这两点看得见的问题，都只是治标不治本。

反过来说，越彻底地解决"年轻消费群体的流失"这一看不见的问题，"市中心车站大厦设立的分店的销售额下降""购物网站的销售额下降"的问题就越能得到根本性的解决。

再举一例。

事实1：郊区购物中心设立的分店的销售额持续提高。

事实2：市中心车站大厦设立的分店的销售额持续提高。

事实3：购物网站的销售额持续下降。

在这个例子里，购物中心和市中心车站大厦的销售额都在提高，而唯有购物网站的销售额不容乐观。那么，通过使用洞察归纳法，你能够发现根本原因是什么吗？

本例也同刚才一样，使用洞察归纳法，对事实进行抽象思考后，使用多元视角重新审视。假设得出的结果如下：

抽象思考&多元视角1：在郊外购物中心，偶然路过店铺的顾客会顺便进店消费。

　　抽象思考＆多元视角2：在市中心车站大厦，偶然路过店铺的顾客会顺便进店消费。

　　抽象思考＆多元视角3：在购物网站，只有消费者有目标性地搜索品牌名才会进店消费。

　　同样，将这些特征与刚才的三个事实进行对照分析，你可以得出以下结论。

　　结论（问题的根本原因）：自家企业杂货店的品牌效力持续下降（难以让顾客直接选择本品牌进行消费）。

　　该案例同理，倘若杂货店销售额下降的根本原因在于"品牌效力持续下降"，那无论如何解决"购物网站的销售额下降"这一看得见的问题，都不算是从根本上解决了问题。

　　归纳法是在处理问题时，从碎片化事实中看透根本性原因的必要方法。在商界，有人能够做到"闻一知十"。他们之所以能达到如此高的水平，正是因为熟练掌握了洞察归纳法，对各种策略了如指掌。

如何练习使用归纳法

仅明白归纳法的使用方法是没法熟练使用的，因为归纳法不是知识，而是一种运用能力。因此，要掌握归纳法，需要的不只是学习，还需要日复一日的练习，并将使用归纳法变成一种习惯。

但强行勉强自己努力，终究很难长期坚持。你应该也有过诸如学英语、减肥等坚持不下去的经历。虽然"努力很重要"这种想法很好，但为了能真正坚持下去，比起拼命努力，想办法让自己即使不努力也能完成目标更为重要。

因此，练习归纳法时，明智的做法不是为练习单独拿出时间，而是将归纳法融入现有的习惯。那么，接下来我将介绍如何练习把归纳法融入现有的习惯。

练习一：用归纳法解决职场问题

冒昧问一下，大家所在的组织是否100%完美？

想必大多数读者都没法回答说"是"，因为100%完美的组织即意味着没有任何问题，而从逻辑上来说，不可能存在没有问题的组织。

"问题"是指理想状态与现实状态的差距，大致可分为三类。

"发生型"问题：已经出现的问题。

"潜在型"问题：今后将会出现的问题。

"设定型"问题：为更接近理想状态而设定的问题。

如果以这三类视角重新审视问题，就算现阶段你所在的组织看似没有问题，只要不断追求更理想的状态，"设定型"问题将永远存在。

如此一来，如果能在解决组织问题的工作中融入归纳法，你每天的工作都能变为归纳法的练习场。

推动工作的不是权限，而是提案

兴许你会有这样的想法：因为没有组织制度上的权限，所以自己没法解决组织问题。但请注意，真正推进工作的，实质上并非权限，而是提案。

由于权限伴有很高的强制性，乍一看，你会觉得解决组织问题对自己来说遥不可及。但是由于权限会营造输赢并存的局面——一方为推动者，一方为被推动者。最终会导致被推动者被动地等待指示。

一份众人认可的出色提案将会营造双赢的局面。只要包含决策者在内的多数人同意了你的提案，便有可能大刀阔斧地调整组织结构。倘若没有好的提案，哪怕决策者有权限，也无处施展。假如你的提案真的很出色，那就有得到决策者支持、推进组织整体改革的希望。

因此，对你来说，提案不仅是练习归纳法的好途径，而且还能给你所在的组织带去有价值的改变。

将职场变为练习场地

大致来看，将你的职场变为归纳法的练习场地需要两步：第一步，使用分析模型，发现问题；第二步，灵活使用归纳法，思考提案逻辑。

首先就第一步进行说明。

如果你只是漫不经心地浏览事物的全貌，则很难从中获取有用的启示。因为世界上存在的大多数事物都由各要素交汇而成，所以如果只是杂乱无章地通看一遍，既捕捉不到一个个构成要素，也把握不住各要素之间的关系。

但是，我们在捕捉信息时，世间各种分析模型可以给我们提供有益的多元视角和构成要素。如果你能有效运用分析模型，不仅会获得诸多新发现，而且获得新发现的速度也会突飞猛进。

尤其是表2-2中的分析模型，若能掌握，定将受益。

比起漫无目的地浏览整体，通过使用这些分析模型，有意识地审视自家企业的战略、组织、职责与财务，你一定会有更多新发现。

那么，在得到了这些新发现后，接下来就是第二步：灵活使用归纳法，思考提案逻辑。

假设你通过使用分析模型注意到，当前自家企业面临的问题是工作效率低下。接着，你为了解决这一问题，提出了导入远程办公的假设。但是，倘若只是提出这一假说，还谈不上是归纳法的练习。

因为你的目的是在日常工作中练习归纳法，所以你应该在公司内部提案时导入归纳法，以提出一个更具有说服力的方案。

在这一背景下，假设你通过QCD体制整理了事实情况，使用归纳法完成了推论。

工作质量：导入远程办公可以提高工作质量。

原因1：通过导入远程办公，员工可以不受环境干扰，

表 2-2　需要掌握的分析模型一览表

用于发现事业环境层面的问题	
PEST 分析	政治因素、经济因素、社会因素、技术因素
波特五力模型	供应商的讨价还价能力、购买者的议价能力、潜在竞争者进入的能力、替代品的替代能力、同行业内现有竞争者的竞争能力
3C 战略三角模型	市场顾客、竞争对手、自家企业
4P 营销理论	产品、价格、渠道、宣传
用于发现组织层面的问题	
麦肯锡 7S 模型	硬 3S：战略、组织结构、制度 软 4S：理念、组织文化、员工、技能
"Will、Can、Must" 分析理论	想做之事、能做之事、应做之事
孔茨模型	技术技能、人际技能、概念性技能
用于发现运营管理、业务流程层面的问题	
波特价值链分析模型	基本活动：进料后勤、企业生产、发货后勤、销售、售后服务 支持性活动：采购、研究与开发、人力资源管理、企业基础设施
QCD 体制❶	质量、成本、速度
PDCA 循环	策划、实施、检查、处理
用于发现成本、财务层面的问题	
划分固定与变动	固定费用、变动费用
划分直接与间接	直接费用、间接费用

---

❶ 在企业运营方面指质量（quality）、成本（cost）、交货期（delivery）。

专心工作。

原因2：通过导入远程办公，员工节省了上下班时间，而私人时间的增加则有助于保持良好的精神状态。

工作成本：导入远程办公可以降低工作成本。

原因1：通过导入远程办公，企业能够减少桌椅和文件柜等备品成本。

原因2：通过导入远程办公，企业能够减少水电费等固定成本。

工作效率：导入远程办公可以提高工作效率。

原因1：通过导入远程办公，员工能够不受地点限制地参加会议。

原因2：通过导入远程办公，员工能够节省出行所耗费的时间。

发现共同点：导入远程办公可以解决工作效率低下的问题。

结论（提案）：因此，应该导入远程办公。

既然组织内部必定存在大大小小的问题，那就一定有可提案之处；既然有可提案之处，就一定有很多可以运用归纳法的场合。

如果你想掌握运用归纳法的能力，请在发现问题、思考对策时，养成使用归纳法的习惯。

练习二：对所见所闻进行"思考实验"

你眼前正涌现着无数有助于你学习的事物，但是，能从中获取何种新发现，并将新发现升级为具有普适性的法则，则取决于你"思考实验"的习惯。

如果你是搭公交车上下班，那么，上下班时，车窗外都会闪现有人居住的房屋、施工中的房屋、翻新中的房屋、空房等。

你是将它们看作"思考实验"的材料，还是只是掠过的风景？你的成长速度会因此截然不同。

倘若只是漫不经心地眺望房屋，那么你捕捉不到各个构成要素以及它们之间的关系。假设你已经明白这一点，并在上下班路上顺便以"房屋"为主题进行"思考实验"，那么，你将得出了如下结论。

房屋＝地基部分＋表层部分

如果你已经学会使用洞察归纳法时的思考步骤，应该就可以对"房屋＝地基部分＋表层部分"这一结论进行抽象思考，重新审视后得出如下概念。

事物＝难以改变的根本部分＋容易改变的表层部分

假设在此背景下，你已经了解了多元视角的重要性，利用多元视角思考该概念能否应用于其他场合后，得出如下发现。

事实1：法律由一般法（难以改变的根本部分）和特别法（容易改变的表层部分）构成。

事实2：人的外观由躯体（难以改变的根本部分）和服装（容易改变的表层部分）构成。

事实3：技术由基础技术（难以改变的根本部分）和应用技术（容易改变的表层部分）构成。

发现共同点：事物有两部分——难以改变的根本部分和容易改变的表层部分。

如此看来，在上下班途中以"房屋"为主题得到的"事物有两部分——难以改变的根本部分和容易改变的表层部分"这一法则很容易多次出现，适用于众多领域，而不限于房屋。

到了这一步，你在此得到的法则也应该能运用于工作中了。

假设大家关于运用PDCA循环意见不一，有人认为，现在应该立刻运用PDCA循环来改善问题。对此，你应该能够明白该意见只是对应解决"容易改变的表层部分"。

而你既然意识到了事物还存在"难以改变的根本部分"，应该会持一种新的意见：忽视质量、盲目追求速度地运用PDCA循环并不可取，首先应该好好揣摩如何解决难以改变的根本部分，运用PDCA循环去专心突破这一部分。

所以，仅仅是把"思考实验"变为一种习惯，连上下班公交车窗外闪现的房屋，都能变为自己的学问。

如果你想掌握归纳法，那就试着有意识地将你的所见所闻都转化为"思考实验"的对象。这样一来，从中得到的法则也定能在工作的各种场合中发挥作用。

归纳法的使用技巧

通过例外拓宽可能性

归纳法是逻辑思考的思维模型，稍有不慎，我们就容易盲目关注推论的合理性。但是，鉴于工作中并不存在正确答案，我们也不能确保"因为推论正确，所以工作能顺利推进"这一观点成立。倒不如说，当今社会需要的是区别于以往逻辑推理的做法。

如果你掌握了归纳法，那你不仅可以正确推论，还能够巧妙利用推论的不足。换句话说，使用归纳法，你不仅能以共同点为依据导出结论，还能发现例外并借此拓宽可能性。

寻找例外的视角

为了便于大家理解，我将案例穿插着进行说明。首先请看以下案例。

事实1：2011年，日本A企业将白色家电（洗衣机和电冰箱等）业务出售给某外国企业。

事实2：2016年，某外国企业收购日本B企业旗下的白色家电业务。

事实3：2018年，日本C企业决定停止在日本国内生产白色家电。

发现共同点：三者都体现了日本国内白色家电经济的衰退。

但是，在这个案例中，通过归纳法得到的结论存在例外，那就是日本D企业实现了飞跃发展。

这是一家通过生产和销售白色家电和日用品，年销售额突破4000亿日元的大型企业。该企业的概念设计在于，给消费者带来家电使用的全新体验。此外，该企业还研发了使消费者生活更舒适、更便捷的家电，数次得到热捧。

迄今为止，很多家电厂家都在做加法，他们试图通过高端技术开发新功能，以此区别于其他品牌。但是，这家企业基于顾客视角，一边导入那些消费者真正需要而其他品牌又不具备的功能，一边做减法，剔除消费者不需要的其余功能，以此实现价格上的友好。

归纳法若能着眼于例外，它将会成为更新换代、孕育新想法的种子。

拿这个案例来说，我们关注的不应该是日本国内白色家电经济正在衰退这一可能性，而应该是其他的可能性——白色家电的竞争核心从高端技术转变为了顾客视角。

小结：七个要点

1. 所谓归纳法，是指从多项事实中发现共同点并引出结论的一种推论方法。

2. 归纳法有两种：一种是通过观察直接发现共同点的观察归纳法；另一种是通过洞察发现共同点的洞察归纳法。

3. 真正有价值的成长，是指通过洞察归纳法得到可多次出现的法则。

4. 为了熟练使用洞察归纳法，我们应该养成一种发现看不见的共同点并据此展开思考的习惯，而不是仅从看得见的事实进行思考。

5. 任何工作都能圆满完成的人都有一种习惯：从细微的事实中发现看不见的共同点，再将其归纳为法则后运用于不同领域。

6. 要掌握归纳法，比起特地抽时间练习，更明智的做法是将归纳法导入现有的习惯和工作中。

7. 运用归纳法不仅可以以共同点为依据引出结论，还能发现例外、拓宽可能性。

演绎法：使预测和检验成为可能

演绎法是什么

在逻辑思考的世界，说起演绎法，人们都倾向于聚焦于逻辑这一方面。但在实际工作中，演绎法通常在预测时发挥作用。此外，若能妥善运用演绎法，那么通过怀疑前提、以概念理解前提、重新设立前提，我们可以颠覆迄今为止的理所当然和常识，从而有助于我们发现新的角度、创造新的价值。

因此，本章不仅围绕逻辑，还将就颠覆常识和前提这一方面展开说明演绎法。

从作为前提的规则到结论

如果你已经理解了归纳法，接下来，我希望你能掌握的推论方法是演绎法。也许你鲜少听闻"演绎法"一词，演绎法中的"演"为"推广、宣传"之意，"绎"即"找到头绪"之意。所谓演绎，即"从脍炙人口的原则（演）中导出头绪（绎）"之意。

演绎法也被称为"演绎推理""三段论法"，是指将事实套用于作为前提的规则，并通过判断是否适用于该规则来得出结论的一种推论方法。

这里的规则，是指规章、常识、方针、法则等普遍被认为正确的概念。

由上而下型推论法

归纳法是一种先存在多项事实，再从多项事实的共同点中导出某一结论的方法，也就是一种自下而上式的推论方法；而演绎法是一种认为存在前提规则，并根据事实是否适用此规则而得出结论的方法，也就是一种自上而下式的推论方法。

就归纳法来说，由于推论的立足点在于多项事实，倘若事实中存在例外，推论的前提将不复存在；但就演绎法的特征来说，由于只是在"适用规则"与"不适用规则"中二选一，只要作为前提的规则正确，任何人都很容易得出同样的结论。

演绎法的提出者是法国哲学家勒内·笛卡尔（1596—1650）。

笛卡尔提出"普遍怀疑原则"，将最后留下的通用法则视作绝对法则，并倡导理性主义——以绝对法则为出发点，得出合乎逻辑的结论。

而理性主义的基础就是演绎法，即通过将事实套用于作为前提的规则（即绝对法则）后得出结论。

演绎法的简单案例

为了更好地理解演绎法，首先用简单案例进行说明。
下例即为演绎法的典型案例。

> 作为前提的规则：如果长高了，体重就会增加。
>
> 套入事实：明年我应该会长高。
>
> 导出结论：因此，明年我的体重应该会增加。

详细分析该案例，你应该会发现存在如下逻辑。

·提出任何人都认可的作为前提的规则：如果长高了，体重就会增加。

·将当前事实套入作为前提的规则中：明年我应该会长高。

·判断当前事实是否适用该规则后得出结论：因为明年我应该会长高，如果适用"如果长高了，体重就会增加"这一规则，那么明年我的体重应该会增加。

要判断演绎法的逻辑是否成立，可以通过以下要点进行检查。

　·如果长高了，体重就会增加。

　·在"长高"这一概念中，涵盖"明年长高"这一概念。

　·因此，明年我会长高，意味着明年我的体重应该就会
增加。

那么，下例情况又将如何？

　　作为前提的规则：如果长高了，体重就会增加。

　　套入事实：想必明年我应该不会长高。

　　导出结论：因此，明年我的体重应该也不会增加。

该例也可以通过以下要点进行简单地检查（图3-1）。

　·如果长高了，体重就会增加。

　·在"长高"这一概念中，不涵盖"明年不长高"这一概念。

　·因此，明年我不会长高，意味着明年我的体重不会增加。

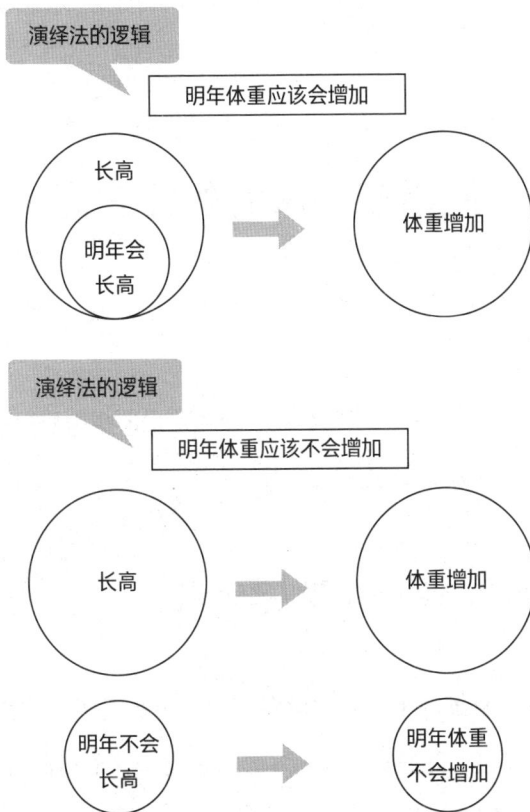

图 3-1　以概念大小来检验演绎法

　　在演绎法中，置为前提的规则是最大的概念，我们可以通过判断眼前的事实是否包含于这一最大的概念而得出结论。因此，在检验演绎法是否成立时，应首先关注概念的大小。

使用演绎法时的注意点

演绎法作为一种将事实套用于作为前提的规则后得出结论的方法，有两点需要注意。

注意点一：作为前提的规则存在错误

在前文的案例中，我们设置了"如果长高了，体重就会增加"这一前提，并通过判断事实是否适用于该前提而得出结论。那么，以下情况将如何？

> 作为前提的规则：如果体重增加，就会长高。
>
> 套入事实：明年我的体重应该会增加。
>
> 导出结论：因此，明年我应该会长高。

读到这里，想必你也会察觉到有点儿不对劲。首先，"如果体重增加，就会长高"这一前提并不成立。由于前提有误，导出的结论也肯定不正确。

这是一个较为容易理解的前提错误案例，再看以下案例。

作为前提的规则：家庭主妇都很幸福。

套入事实：我是家庭主妇。

导出结论：因此，我很幸福。

该案例中，虽不能说前提错，但也谈不上正确。在社会里，既有不幸福的家庭主妇，也有很多幸福的职场女性。这涉及个人价值观的问题，无法一概而论。

因此，在演绎法中，作为前提的规则存在且正确这一点非常重要，但设置正确的前提本身并非易事。进一步说，倘若设立的前提存在问题，那么借此得出的结论是否正确也值得商榷。

注意点二：过度拘泥于推论形式

接下来就过度拘泥于推论形式这一点进行说明。请再看该案例。

作为前提的规则：家庭主妇都很幸福。

套入事实：我是家庭主妇。

导出结论：因此，我很幸福。

正如前文所述，虽然作为前提的规则有值得商榷之处，但推论形式自身完全是依照演绎法的推论流程进行，并不存在问题。

但是，在这里有一个大陷阱。

演绎法有一个特点，即不论内容的含义如何，只要眼前的事实能套用规则，就一定能导出结论。这同数学公式有些相似，倘若我们稍微没控制好度，就容易陷入不思考含义与内容，盲目套用的误区。

日语里有"官僚主义"一词，这是用来讽刺不判断规则好坏，只是死板地套用规则的一群人和组织。

如果像套用数学公式那样套用演绎法，我们的思维恐怕会因此而僵化。

在工作中使用演绎法的情况

接下来，就在工作中运用演绎法的情况进行介绍。演绎法的使用情况大致可分为三种。

情况一：预测商业环境变化时

工作中肯定存在各种具体的情况，当情况发生变化时，其背后运作的关系也会发生变化。如果你理解了背后的关系，将当前情况套入该关系，你就能预测将来。

想必敏锐的你已经注意到了，在预测商业环境的变化时，可以使用以下框架应用演绎法。

作为前提的规则：背后的关系。

套入事实：当前情况。

导出结论：将当前情况套入背后的关系，作出对今后的预测。

举例如下：

作为前提的规则：当产量超过 1 万个时，规模经济下产品的单位生产成本降为原来的80%。

套入事实：明年六七月份时，生产量将超过 1 万个。

导出结论：因此，从明年六七月份开始，产品的单位生产成本将降为原来的80%。

通过将背后的关系设置为前提，我们就能使用演绎法预测未来。而当我们能进行预测时，也就意味着我们能事先计划好必要的行动。

情况二：检验提案优劣时

工作里，提案必不可少。这是因为，工作是一项孕育价值并变现的活动，而为了变现，就一定会需要提案。

看到这里，你可能会产生这样的想法：提案只是营业负责人和策划负责人需要进行的工作。但事实并非如此。就算你是总务负责人或会计负责人，提案也必不可少，你需要通过思考诸如营造更高效的办公环境、通过无纸化提高工作效率等办法创造价值。

与目的、目标的一致性

然而，无论提案多么出色，只要未被采用，价值都为零。如此一来，你的提案不仅要能推动决策者做出决定，还要足够合理，足够得到决策者的认可。此时，演绎法就能发挥作用。

为进行合理的提案，需要目的、目标这一前提条件。

所谓目的，是指通过提案想实现的内容。如果缺少目的，当事人会不知道自己应该完成什么。而目标则是指目的（想实现的内容）的完成水平。如果没有目标，当事人会不知道自己应该完成的程度，由此显然无法提出合理的方案。

最终，当事人的提案会因目的不明、目标模糊而很难被决策者采纳。

如果想提高决策者采纳的可能性，你需要让你的提案内容与企业、组织的目的、目标相一致。若将此套用于演绎法的逻辑，则如下所示：

> 作为前提的规则：目的、目标。
>
> 套入事实：你的提案内容。
>
> 导出结论：提案内容是否与目的、目标相一致。

为便于理解，让我们穿插案例进行说明。假设你推销某商品的目的在于提高消费者单笔成交额。如果不明白演绎法，你可能会提议加强广告宣传。将其套入演绎法的公式，结果如下：

作为前提的规则：要提高消费者单笔成交额。

套入事实：若加强广告宣传，消费者单笔成交额就会提高（？）。

导出结论：因此，我们应该加强广告宣传。

但是，读到这里，你应该也会察觉到一丝异样。大多数情况下，广告宣传的目的在于增加消费者流量，而"若加强广告宣传，消费者单笔成交额就会提高"这一推论稍显牵强。因此，你的提案应该会被驳回。

另外，如果掌握了演绎法，你应该能够进行如下提案。

作为前提的规则：要提高消费者单笔成交额。

套入事实：在收银台周围摆放一些容易顺手购买的小物件，能够提高消费者单笔成交额。

导出结论：因此，我们应该在收银台周围摆放一些容易顺手购买的小物件。

在这里，"在收银台周围摆放一些容易顺手购买的小物件，能够提高消费者单笔成交额"这一推论合理，管理层会更容易采纳你的提案。

像这样，在提案时先把目的、目标设置为前提条件，再以演绎形式进行提案，会有助于你提出精准地针对目的和目标的提案，大幅提高管理层的采纳率。

情况三：从得到的法则中孕育价值时

大家还记得第二章提到的洞察归纳法吗？

简单复习一下，洞察归纳法是一种通过洞察发现事物共同点的方法。具体来说，它是以多元视角重新审视抽象概括得到的事实，得出个人专属法则的一种推论方法。正如此前介绍的一样，假如以多元视角审视抽象后的"水"，可以得出以下结论。

事实1：水能喝。

事实2：水能清洗物品。

事实3：水能灭火。

发现共同点：在理解具体实物（水）时，三项事实都将其抽象为了某种概念。

结论（法则）：从实物中提取概念，可以发现实物所具备的多重价值。

灵活运用洞察归纳法，有助于我们从各种事实中发现共同点，积累揭示各种规律的法则。但法则积累得再多，只要用不到工作上，都不过是白费功夫。

在这里，希望大家能够用上演绎法，若能将从洞察归纳法得到的法则置换为作为前提的规则，便可创造各种价值。如下例所示：

作为前提的规则：从实物中提取概念，能发现多重价值。

套入事实：从"纸"中提取概念，结果如下：

概念1：能写字和绘画。

概念2：能包东西。

概念3：能折叠。

概念4：能擦东西。

概念5：能垫东西。

概念6：能粘贴。

导出结论：因此，从"纸"中提取的这些概念都是纸的价值。

为加深理解，我们再举一例。

作为前提的规则：企业的无形资产越使用，价值越多。

套入事实：自己所持有的销售技巧属于企业的无形资产。

导出结论：因此，越在部门中分享和使用销售技巧，其价值就越多。

因此，把通过洞察归纳法得到的法则设置为演绎法的前提，再套入各项事实，将会产生多项价值。

如果你想在工作中创造自己独一无二的价值，请留心使用洞察归纳法积累法则，并通过套入演绎法孕育出多项价值。

使用演绎法的步骤

接下来，就运用演绎法的步骤进行说明。大致可分为三步。

第一步：明确作为前提的规则

演绎法作为一种将事实套入作为前提的规则，并通过判断是否适用于得出结论的推论方法，如何准确把握作为前提的规则至关重要。

在商界，以下六点被视为正确的规则，它们有着举足轻重的作用。

规则一：目的

目的是企业制订战略的准则。

如果不设定目的，员工则无法掌控努力的方向性，资源分配也不过是传统意义上的平均分配。最终，企业的对策如同时不时往沙漠洒水一般，成效甚微。

另外，倘若能够明确设定目的，企业就能把握走向成功的各项步骤，并在此基础上有选择性地集中投入资源。也就是说，企业能够利用有限的资源实现产出最大化。

因此，目的作为选择方向、集中投入资源的前提，是演绎思维中的重要前提。

规则二：目标

企业设定目的后，员工眼里就有活儿了。但是，若没有目标（目的的完成水平），员工还是不知道应该将任务完成到何种程度。并且倘若企业不设定目标，确认完成水平，则很难预估完成目标所需资源的规模。

相信你凭直觉也能发现，为完成目标"销售额1000亿日元"和目标"销售额100万日元"，企业所需投入的资源（人力、物力、财力）会大不相同。

如上所述，目标作为明确所需投入资源规模的前提，在演绎思维中非常重要。

规则三：方针

假设你是某连锁居酒屋店铺的开发负责人，企业确立了打造面向职场女性的居酒屋这一新业态的方针，那么该方针就是你工作的前提。当你考虑菜单、价格、地理位置、促销活动、装潢设计、店铺员工等具体方案时，你都要时刻考虑它们是否与"面向职场女性的居酒屋"这一方针相一致。因此，方针也是演绎思维中的重要前提。

规则四：经济理论

经济理论是指商业里已经得到检验的理论，诸如"顾客数量和单笔消费额的乘积为销售额""利大于弊时进行投资""大量进货可降低单位进货成本"等。如果提前知晓很多经济理论，我们就可以把它们视作前提，套入眼前的事实，发现更有意义的结论。具体方法如下：

作为前提的规则：在没有竞争对手的领域展开经济活动更容易提高利润率。（定位理论）

套入事实：面向职场女性的居酒屋是不存在竞争对手的领域。

导出结论：因此，预计面向职场女性的居酒屋的利润率高。

倘若想使用演绎法创造许多价值，事前学习各种经济模型也是个好办法。经济模型大致可以分为以下三类。

1.框架型：仅提供框架结构的模型。诸如逻辑树状图、金字塔模型等，虽然具备框架这一外形，但视角和内容都需要自己思考。

2.视角型：在框架结构的基础上，还提供视角的模型。诸如PEST分析模型、3C战略三角模型等，不仅具备框架这一外形，还具备分析的视角，只不过，内容还需自行收集分析。

3.内容型：在框架结构和视角的基础上，还提供内容的模型。诸如VRIO模型、品牌资产模型等不仅具备框架这一外形和视角，还具备内容，该内容可以作为检查表使用。

其中，内容型框架适用于演绎法里的正确的规则。

举例来说，为检查产品的品牌力而使用的品牌资产模型存在四个角度：品牌认知度、品牌感知质量、品牌联想、品牌忠诚度。将其套用于演绎法，结果如下：

作为前提的规则：只要提高品牌认知度、品牌感知质量、品牌联想、品牌忠诚度中的任一角度，品牌力就会上升。

套入事实：拍摄电视广告会提高品牌认知度。

导出结论：因此，若拍摄电视广告，商品的品牌力就会增强。

对经济模型的掌握数量决定了演绎法应用范围的广度。如果想熟练掌握演绎法，一定要提前学习各式各样的经济模型。

规则五：价值观、文化

近年来，正如"文化契合"一词受到关注一样，企业的价值观和文化正成为构筑组织优势和规划发展上不可或缺的内容。

如果你是初创企业的公司员工，想必追求创新的价值观和文化已经扎根在公司组织之中。以演绎法的角度来看，这意味着正确的规则即创新。因此，在企业内部推进工作时，你应该以是否与追求创新的价值观和文化相契合为判断标准。

也就是说，在组织内部扎根的文化也可以作为演绎法中的正确的规则。

规则六：法则

自不用说，该法则包含在前文提到的通过洞察归纳法得到的法则之中。此外，从心理学、社会学、经济学、统计学等得到的法则也涵盖其中。

例如，统计学中存在"大数定律"：样本数量越多，随机事件越接近平均概率。将其运用于演绎法，情况如下：

作为前提的规则：样本数量越多，随机事件越接近平均概率（大数定律）。

套入事实：本次会议限定在少数人中。

导出结论：因此，会议应该更容易出现尖锐大胆的想法。

像这样，如果你理解了心理学、社会学、经济学、统计学中的各类法则，并将其运用于演绎法中，提案的准确度和工作质量都会有所上升。

第二步：将眼前事实套入规则

理解了作为前提的规则后，下一步是将眼前事实套入规则。

但倘若你认为只要摸清了作为前提的规则，剩下的就只是将眼前事实套入规则，那就有些操之过急了。这是因为作为前提的规则并不一定是正确的。

假设你是自家企业官网的运营负责人，当你认为官网太过老旧，应重新设计官网时，套用演绎法的逻辑如下所示：

作为前提的规则：老旧的官网不好。

套入事实：自家企业的官网很老旧。

　　导出结论：因此，自家企业的官网不好。

　　该推论过程不一定是错的，但是，由于对前提的理解只是浅尝辄止，面对为什么"老旧的官网不好"这一问题，你可能很难作出明确的回答。也就是说，此刻的前提本身就不成立。

　　因此，当把事实套入作为前提的规则时，我们不应该机械式地盲目套用，而是保持着怀疑的习惯去思考：前提是正确的吗？前提足够有深度吗？

　　面对前提，时常提出"为什么"，这正是检查前提可靠与否的有效方法。

用提问深挖前提

　　一般情况下，提问时都使用"5W1H分析法"。其中，When（何时）、Where（何地）、Who（何人）、What（何事）、How（何法）都是将事物具体化的提问，而唯有Why（何因）是能怀疑前提、深挖前提的提问。

　　假设前文的例子使用Why（何因）进行深度挖掘，结果将如下所示：

·老旧的官网不好。（Why：为什么老旧的官网不好？）

·因为很多网民不会去访问老旧的官网。（Why：为什么不访问不好？）

·因为如果很多网民不访问官网，会使官网的资料下载量减少。（Why：为什么下载量减少不好？）

·因为一旦官网的资料下载量减少，凭此途径前来咨询的人数也会减少。（Why：为什么咨询量减少不好？）

·因为咨询量减少会使自家企业的销售额减少。

一旦深入到这一层面，作为前提的规则就会从"老旧的官网不好"变为"无益于提高销售额的官网不好"。也就是说，真正的论点不在于"官网老旧"，而在于"官网无益于提高销售额"。

如此一来，演绎法的逻辑将如下所示：

作为前提的规则：无益于提高销售额的官网不好。

套入事实：自家企业的官网无益于提高销售额。

导出结论：因此，自家企业的官网不好。

倘若你以"老旧的官网不好"为前提重新设计了官网，也许最终你设计出的官网非常新颖，但却无益于提高销售额。

因此，我们需要注意，"只要有了前提，剩下的就是套用"这种想法可能会让我们掉入陷阱。

第三步：得出结论并检查

将眼前事实套入作为前提的规则后，下一步就是得出结论、检查。

演绎法是一种非常单纯的推论方法，只要作为前提的规则与眼前的事实合适，就能够近乎机械式地得出结论。

但是，正如再三强调的那样，演绎法的前提十分重要，倘若前提出现问题，后面的推论和结论都将不复存在。

因此，当使用演绎法得出某结论时，我们要养成仔细检查演绎法逻辑是否成立的习惯。

如何在工作中使用演绎法

明白使用演绎法时的思考步骤后，让我们来深入理解如何将演绎法运用于工作。

演绎法作为一种把事实套入正确规则后得出结论的推论方法，与工作中的以下场景非常契合。

场景一：预测市场动向

倘若你是事业战略和市场营销战略的负责人，那么想必你对"产品生命周期"一词应该不陌生。

所谓产品生命周期，是指商品和服务进入市场后经过销售额增长、停滞、衰退的一系列运动过程。一般来说，多分为进入期、成长期、饱和期、衰退期四个阶段（图3-2）。

商业活动一定存在特定局势。当局势发生变化时，其背后的市场动态也在发生改变。

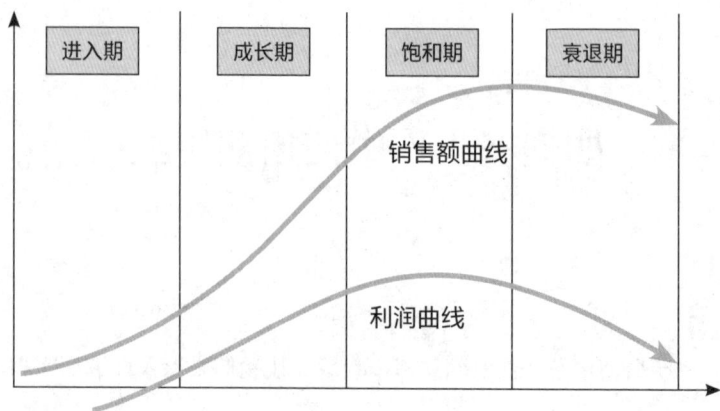

图 3-2　产品生命周期

　　提起市场动态，说不定你的脑海里会浮想起波特五力模型，但产品生命周期是立足于局势变化这一视角，再根据不同局势提出合适对策的理论。

　　如果能看穿不同局势下市场运作的动态，你就能根据不同局势采取合适的对策。

　　另外，由于产品生命周期是描绘一系列运动的过程，因此，我们可以提前预测市场动态的变化，研究好对策，抢占先机。

　　下例向我们展示了将演绎法运用于产品生命周期后，预测和应对市场动态变化的具体内容。

　　·市场进入期

作为前提的规则：在市场进入期，提高消费者和商品流通经营者的关心度会加快商品推广。

套入事实：当前处于市场进入期。

导出结论：因此，我们需要组织提高消费者和商品流通经营者关心度的促销活动。

· 市场成长期

作为前提的规则：在市场成长期，应变能力强的风险企业容易加入市场。

套入事实：当前处于市场成长期。

导出结论：因此，我们需要防备风险企业的加入。

· 市场饱和期

作为前提的规则：市场饱和后，容易引发价格竞争。

套入事实：当前处于市场饱和期。

导出结论：因此，我们需要思考规避价格竞争的战略。

· 市场衰退期

作为前提的规则：如果能在市场衰退期时保持最高市场占有率，之后也容易确保"残存者利益"。

套入事实：当前处于市场衰退期。

导出结论：因此，我们需要全面削减成本，争取将"残存者利益"最大化。

将演绎法运用于经济理论后，我们对不久的将来可能会产生的机遇与挑战，都具备了预测能力。这样一来，面对这些机遇和挑战，我们可以抢占先机，提前做好应对工作。

我们推进的所有工作都是为未来做打算。有鉴于此，演绎法作为能够准确预测商业环境变化的推论方法，作用非同小可。

场景二：基于战略方针制订方案

当你想以既定方针为本，沿既定方针制订计划方案时，演绎法也能助你一臂之力。

具体来说，按4P营销理论推进商品和服务的概念设计（方针）即为典型案例。

同前文一样，假设你是某居酒屋连锁店的店铺开发负责人。受女性步入职场、工作方式改革、政府限制加班等时代趋势的影响，你判断，面向职场女性的居酒屋存在商机。若使用演绎法，按4P营销理论推进"面向职场女性的居酒屋"这一概念设计（方针），内容将如下所示（图3-3）。

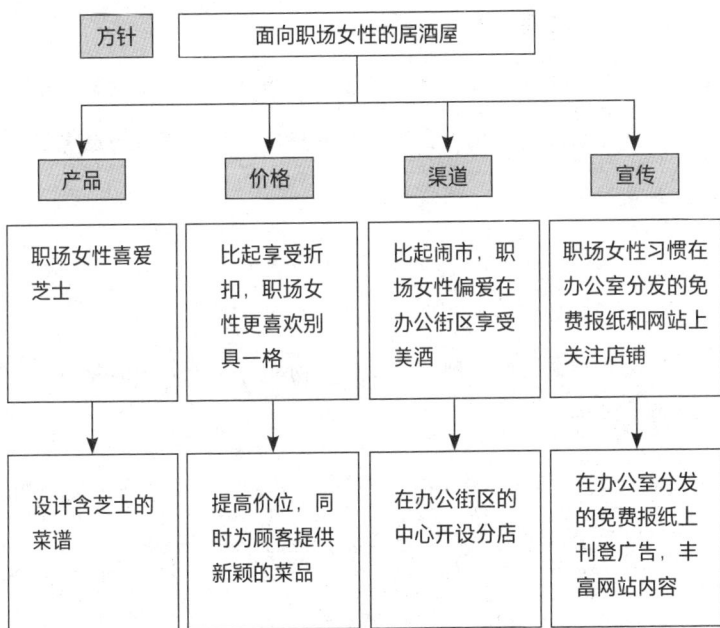

图 3-3　基于战略方针制订计划方案

· 产品（Product）

作为前提的规则：开设以面向职场女性的居酒屋为概念的居酒屋分店。

套入事实：职场女性喜爱芝士。

导出结论：因此，应设计含芝士的菜谱。

· 价格（Price）

作为前提的规则：开设以面向职场女性打造的居酒屋为概念的居酒屋分店。

套入事实：比起享受折扣，职场女性更喜欢别具一格。

导出结论：因此，可以特意提高价位，同时为顾客提供新颖的菜品。

· 渠道（Pace）

作为前提的规则：开设以面向职场女性的居酒屋为概念的居酒屋分店。

套入事实：比起闹市，职场女性偏爱在办公街区享受美酒。

导出结论：因此，在办公街区的中心开设分店。

· 宣传（Promotion）

作为前提的规则：开设以面向职场女性的居酒屋为概念的居酒屋分店。

套入事实：职场女性习惯在办公室分发的免费报纸和网站上关注店铺。

导出结论：因此，在办公室分发的免费报纸上刊登广告，丰富网站内容。

无论如何施策，我们必须连贯地围绕同一概念实施，否则就会由于施策过于分散而导致收效甚微。要是能有效使用演绎法，就可以确保选择与集中投入资源这一战略要点，从而避免因施策过于零散以致毫无收获。

场景三：建导式会议

　　如果你是一名商务人士，那么你应该有过几次会议上迟迟做不了决定和混乱不堪的经历。

　　但是，如果你能把演绎法灵活应用于会议，就可以避免以上两种事态的发生。这是因为，会议之所以出现问题，大多数是由于没有统一前提。

　　出席会议的成员，大多都对会议主题有一定的了解。但几乎可以肯定的是，各位成员所持有的前提并未互相共享，而前提未统一本身便是造成会议进展不顺利的主要原因。

　　假设某成员认为当前自家企业发展顺利，那么，他应该会以如何进一步加速企业发展这一话题为中心，多就加速投资进行发言。但是，倘若另有成员认为当前自家企业发展不顺，那么他应该会以了解发展不顺的根本原因为主进行发言。

　　只要各成员对现状把握存在差异，各自的意见必定僵持不下。而正因为双方没有思考过对方的发言是基于何种前提，双方才会互不相让，各执己见。

磨合前提，而非磨合意见

也就是说，尽管目的一致，但由于前提不同，双方的意见必定无法达成一致。如果你也会遇到这种情况，你需要做的就是磨合前提，而非磨合意见。

倘若成功地磨合了前提，那么你就可以判断各位成员的发言是否与前提相契合，从而快速得出结论。

如果在会议刚开始的时间节点上，你能够先引导参会者统一前提，再使用演绎法，将有助于加快会议的进程。

场景四：提案规划时的逻辑思维

演绎法还能用于提案规划。

假设你是某电商网站的负责人，因你所运营的电商网站销售额逐步下降，所以电商的总负责人要求你想办法提高销售额。

假设你想到了导入推荐引擎这一办法，但仅是提议"不如试试导入推荐引擎"，负责人可能不会采用你的提案。鉴于没有明确导入推荐引擎的依据，你的提案只能算灵机一动的念头，缺乏说服力。

但是，倘若熟练掌握了演绎法，你便可以按如下逻辑来提案导入推荐引擎。

作为前提的规则：如果消费者单笔成交消费额提高，销售额就会提高。

套入事实：导入推荐引擎后，消费者单笔成交消费额会提高。

导出结论：因此，导入推荐引擎会提高销售额。

此外，倘若你着眼于消费者数量，而非消费者单笔成交消费额，逻辑将如下所示：

作为前提的规则：如果电商网站访问人数增加，销售额就会提高。

套入事实：如果网页广告数量增加，电商网站访问人数就会增加。

导出结论：因此，增加网页广告数量会提高销售额。

同时，倘若使用演绎法加入以下逻辑，你的提案将会更具说服力。

作为前提的规则：投资追求高ROI（投资回报率）。

套入事实：在"导入推荐引擎"和"增加网页广告数量"中，前者ROI更高。

导出结论：因此，应该导入推荐引擎。

像这样，通过在"作为前提的规则"处摆明目的，推论式导出结论，将会提高提案的说服力。这样一来，提案更容易被上层采纳，提案者也能为组织出一份力。

场景五：设定工作KPI

KPI取自"Key Performance Indicator"的缩写，译为中文即"关键绩效指标"。它是管理和评价为完成目标所经流程是否得到合理推进的指标。

只有正确认识现状才能制订有效的战略。因此，KPI为我们指明经济活动的方向，发挥着指南针般的作用。此外，当大幅度调整战略时，KPI还起着分析现状、切实共享今后发展动向的作用。

演绎法在设定合理KPI数值时的作用也不容忽视。为便于理解，这里也举例进行说明。

假设你还是某电商网站负责人，为提高消费者单笔成交消费额，你成功导入了推荐引擎。这一次，需要着眼于增加消费者数量。在前文中，我们使用演绎法就增加消费者数量得出了推论：增加网页广告数量会增加销售额。

为检验该推论，你对网页广告进行了小规模试验，结果如下：

网页广告曝光量：广告展示次数1000万次。

电商网站访问人数：1000人。

销售额：1000万日元。

将其套入前文的演绎法，结果如下：

作为前提的规则：电商网站访问者人数每增加1人，销售额就会增加1000日元。

套入事实：网页广告每增加100次展示，电商网站访问人数就会增加1人。

导出结论：因此，网页广告每增加100次展示，销售额就会增加1000日元。

因此，通过把推论流程替换为确切的数字，演绎法也可以用于设定KPI和PDCA循环。

尽管在商界，人们认为看不见的东西无法管理，无法管理的东西无法得到改善，但无论何种经济活动，如果结束后也不用确切数字进行分析，肯定无法得知其优劣；而不知其优劣，则意味着不知改善点。这样一来，在下一次经济活动中，人们还将依赖经验和直觉进行。

而对于凭借经验和直觉进行的经济活动，由于目的和完成水平都不明确，人们将会再次陷入结束后也不用确切数字进行分析的恶性循环。

不设定明确的KPI数值的真正恐怖之处就在于，行为处事任凭经验和直觉，解释说明时总是说"不知道为什么，但总觉得……"，久而久之，陷入了恶性循环。

但是，如果理解了演绎法并将其运用于KPI，你就能明晰各项要素之间的因果关系，恰当地使用PDCA循环。

如何练习使用演绎法

与练习归纳法的方法一样，比起抽时间练习，更聪明的做法是将演绎法融入现有的习惯中。

练习一：融入日常工作

如果你是一名商务人士，那么你应该也有自己的上司，而在工作的重要节点，你应该都有向上司汇报的时候。

但在向上司汇报的过程中，你是否思考过汇报是否顺利的标准？也就是说，你是否想过以什么前提向上司汇报才能够得到上司的认可？如果答案是"否"，那么今后请试着培养采用演绎法向上司汇报的习惯。

假设情况如下：

作为前提的规则（汇报是否顺利的标准）：如果在汇报

中明确今后待做事项、分工、截止日期等内容，将更容易得到上司认可。

套入事实（你的汇报内容）：在此次汇报中，明确今后待做事项、分工、截止日期。

导出结论：这样一来，你的汇报应该更容易得到上司的认可。

此外，日常会议中也可以运用演绎法，过程如下所示：

作为前提的规则：没有判断标准就无法下结论。

套入事实：本次会议没有判断标准。

导出结论：因此，本次会议得不出结论。

如果你通过演绎法事先预测到"本次会议得不出结论"，那么在会议一开始，你就可以提议率先明确判断标准。这样一来，枯燥乏味而又漫长的会议应该能转变为高效率的会议。

同时，在需要企业内部提案时，你若能像下例一样，培养将企业的方针（前提）同提案（套入事实）相结合进行思考的习惯，你的提案也会更具说服力。

作为前提的规则：企业方针在于提升工作价值。

套入事实：导入企业内部表彰制度将有助于提升工作价值。

导出结论：因此，应该导入企业内部表彰制度。

练习二：将战略与举措套入经济理论

生活里有各种经济理论和分析模型，如规模经济，试着将其套用于自家企业的战略与举措也有助于练习演绎法。

规模经济是指随着生产规模的扩大，企业产品的平均成本下降，成本竞争力逐渐增强的现象。具体成因大致可分为以下三点：

大量采购：大量采购有助于降低原材料单价。

运转率的提高：工厂运转率的提高有助于降低单位产品的折旧费。

学习曲线：员工熟练度的提高有助于降低单位产品的劳务费。

看到这里，如果只是点点头表示理解，那么你不过是获得了理论。鉴于推论能力是通过练习渐渐习得的一种能力，试着将得到的知识套用于自己所处的职场，将有助于我们练习推论能力。

该案例下，假设你把"学习曲线"套入自家企业，结果将如下所示：

作为前提的规则：员工完成一定工作量后熟练度提升，该工作的完成效率提高（学习曲线）。

套入事实：将多任务工作调整为各项工作分担制，负责各项工作的员工工作熟练度会得到提升。

导出结论：因此，采用各项工作分担制会提高工作效率。

像这样，对于从网络和书籍中学到的各类经济理论，如果你不只将其视作"理论"，还养成把它们套用于工作的习惯，你的职场就能变为练习演绎法的宝地。

如果你想将演绎法运用自如，请一定要充分利用职场这个宝地。

练习三：有意识地寻找隐性前提

正如再三强调的一样，演绎法成立的最重要的要素是作为前提的规则。换句话说，妥善处理前提将成为掌握演绎法的关键。

假设有人主张"即使杀了人也不应该被问罪"，倘若按照"人之常理"这一前提进行判断，我们断然无法接受"即使杀了人也不应该被问罪"这一主张。但是，倘若按照"正当防卫"这一前提判断，我们则有可能会接受"即使杀了人也不应该被问罪"这一主张。

因此，前提有时作为默认的前提，给自己披上了一层隐形的外衣。而熟练使用演绎法的最大武器，就是看穿藏在隐形外衣下的前提，发挥运用前提的能力。

倘若你想掌握演绎法，除了在日常工作中使用演绎法，将经济理论套入自家企业外，还可以试着练习从各种主张中看清隐性前提。

深层解读信息

在这个大数据的时代，电视、报纸、书籍、网页、应用程序、社交媒体等多种传播媒介都在分享各式各样的观点。

参考这些观点本身是件好事，但切不可囫囵吞枣。我们应该

养成思考的习惯，思考"该观点的前提是什么""该前提是如何
推论出这些观点的"。

因为太过于重要，所以请允许我再次重复：一定要注意妥善
处理前提，因为根据不同的前提，演绎法所推导出的观点可能会
发生翻天覆地的变化。

演绎法的使用技巧

可以说，演绎法是如方程式一般的推论方法，只要前提和推论正确，我们可以近乎机械式地导出结论。

但是，我们在工作中偶尔需要一些颠覆旧前提的想法，而并非一味讲求逻辑的合理性。甚至可以说，今后人们更需要的是颠覆旧前提、提出新想法的能力。

因此，我将为大家介绍演绎法的应用技巧。通过有效利用演绎法的不足，我们可以颠覆旧前提，提出新想法。应用技巧大致分为三点。

技巧一：批判性思维

前文已数次强调，演绎法里设立前提的方法非常重要。反过来说，不同的前提可能会使结论发生变化。若妥善利用这一特点，对前提进行彻头彻尾的怀疑，你可能会产生打破传统的新想法。

以后，世界上不仅需要根据既定前提行动的人才，也需要能不受前提束缚、独立思考、孕育新价值的人才。这时所需的，正是怀疑前提的思考方法——批判性思维。

在日常生活中，"批判性"一词总会带有"负面评价"的语感。但实际上，批判是指有意识地区分优劣两个部分，并进行评价、判断的行为。因此，不如说避免先入为主、重视中立的态度才是批判性思维的关键。

生活里存在很多缺乏深度、被草率提出的前提。

· 将专家说的内容视作前提。
· 将众人认同的内容视作前提。
· 将逻辑上说得通的内容视作前提。
· 将从常识判断是正确的内容视作前提。

但是，若能做到仔细揣摩、合理怀疑前提，将有助于我们打破一直以来认为是理所当然的观念和常识，从而发现新的角度，创造新的价值。换句话说，若我们可以脱离单一视角，采取中立且多元的视角分析事物，就有机会开拓新的可能性。

下面，以"提高销售额"为主题进行案例分析。一般来说，我们认为"提高销售额"符合下列公式：

$$销售额＝消费人数 \times 单笔成交消费额 \times 购物频率$$

将该公式套入演绎法，结果如下所示：

作为前提的规则：若消费人数（或单笔成交消费额、购物频率）增加，则销售额提高。

套入事实：本次提案的是增加消费人数（或单笔成交消费额、购物频率）的策划。

导出结论：因此，采用本次提案会提高销售额。

但是，在批判性思维中，怀疑"提高销售额"这一前提，发现真正应该解决的问题才是关键。

所有企业都需要提高销售额，但仔细思考一番，我们会发现提高销售额是提高利润的手段，而不是目的。

假设成本大于销售额，则无异于本末倒置，因为企业无论获得多么喜人的业绩，利润都为赤字。

因此，我们明确了做生意最初的目的在于提高利润，而提高利润的手段则不仅限于提高销售额，也可以是降低成本。这样一来，我们就看到了更多的可能性。

作为前提的规则：降低成本会增加利润。

套入事实：本次提案内容是降低成本。

导出结论：因此，采用本次提案会增加利润。

此外，我们也可以对"销售额＝消费人数 × 单笔成交消费额 × 购物频率"这一前提提出质疑。

该公式建立于企业视角，其中并未包含市场和竞争对手的角度。也就是说，虽然该公式在逻辑上成立，但其前提为企业视角。因此，如果我们可以怀疑该前提，便可以提出以下新前提（公式）。

销售额＝市场规模 × 市场占有率

将销售额成立的前提置换为"市场规模 × 市场占有率"，套入演绎法将为如下所示：

· 市场规模的案例

作为前提的规则：市场规模越大，销售额越高。

套入事实：本次的提案内容是通过增进消费者对商品便利性的理解，扩大市场规模。

导出结论：因此，采用本次提案会提高销售额。

·市场占有率的案例

作为前提的规则：市场占有率越高，销售额越高。

套入事实：本次提案内容是通过向消费者宣传商品的竞争优势，提高市场占有率。

导出结论：因此，采用本次提案会提高销售额。

通过怀疑前提，"销售额＝消费人数×单笔成交消费额×购物频率"这一公式可以重新理解为"销售额＝市场规模×市场占有率"。由此，我们可以在分析中导入市场和竞争对手的视角，思考"为了提高销售额，是否应该扩大市场规模？是否应该扩大市场占有率"等问题，将讨论升级为战略级讨论。如果当前市场正在逐步扩大，我们可能会优先讨论扩大市场规模这一发展战略；如果市场已经进入饱和期，我们应该会优先讨论提高市场占有率这一竞争战略。

灵活运用演绎法的不足

如前文所述，演绎法中，随设立的前提的不同，推论和结论也会发生变化。

"推论与结论正确"同"设立的前提正确"完全属于不同层面的问题，希望你在熟练掌握演绎法的基础上对这两个层面进行明确区分。

假设你想灵活运用"结论会随前提变化"这一演绎法的不足，你可以试着对前提提出以下两个问题。

· True?（真的吗？）

· Anything else?（还有其他的吗？）

在商业环境复杂变化的状态下，"因按长期以来的做法推进的事情都一帆风顺，所以今后可以继续坚持该做法"的想法已经过时了，若能用"True?"（真的吗？）来怀疑长期以来被视为不容置疑的前提，我们脑海里可能会浮现新的可能性。

此外，面对当前的视角，若能够再加入"Anything else?"（还有其他的吗？）这一视角，我们将能以更广阔的视野、从未设想过的方向来进行分析。

最终，我们可能会提出前所未有的新奇想法。

技巧二：概念性思维

你是否也曾陷入过这样的状态：以某一视角去分析事物，尝试进行逻辑思考，结果却陷入僵局。通常来说，事实只有一个，但捕捉事实的视角则存在无数个，而捕捉事实的视角正是演绎法的前提。因此，如果仅拘泥于某一前提，之后的推论过程可能会走入死胡同，难以得出结论。

这时，最有效的就是孕育各种前提的概念性思维。

所谓概念性思维，是指不以实物捕捉各项事实，而以整体、全局的视角把它们重新理解为概念的思考方式。

假设你是某造纸厂的促销负责人，虽然你的任务是增加纸的销量，但若仅将"纸"这一实物置于前提，一个劲儿地想如何才能增加纸的销量，恐怕难有什么奇思妙想。

但是，如果你掌握了概念性思维，便能以"纸"这一实物为思考线索，但又不拘泥于此，从而导出概念。

前文在介绍"从实物中提取概念，能发现多重价值"这一法则时，曾列举了一些纸的价值（见第110页）。

从"纸"中导出无形的概念，诸如"能写字和绘画"。反过来想，将"能写字和绘画"这一概念实体化，得到的就是"纸"。

若脱离实物、抽出概念，就能不受某一视角的束缚，获得多方面的视角。换句话说，这同增加演绎法的出发点——前提别无二致。将这些概念套用演绎法后，得到的结果如下所示：

　　　　作为前提的规则：纸的用途越多，纸的销售额越高。

套入事实：本次提案是以"包东西"为用途的促销策划。

本次提案是以"折叠"为用途的促销策划。

本次提案是以"擦拭"为用途的促销策划。

本次提案是以"铺垫"为用途的促销策划。

本次提案是以"粘贴"为用途的促销策划。

导出结论：因此，实施本次促销策划会提高纸的销售额。

由此可以明白，通过从实物中提取概念，我们可以多角度地理解实物。在该案例中，比起"如何才能增加纸的销量"这一单一视角，若能先将实物概念化，提取出多项用途，我们眼前将会出现更多可能性。

技巧三：水平思考

接下来，就演绎法的应用技巧之三——水平思考展开介绍。

水平思考是一种重新设立前提的思考方法，它于1967年由法国的一位医生爱德华·德·波诺（1933—）提出。

水平思考同演绎法最大的差异在于设立前提的方法。

演绎法的推论过程依次是前提、推论、结果。也就是说，演绎法首先设立前提A，之后根据由A导出B、由B导出C的形式进行推论，最终得出结论：因为A，所以C。

但正如前文数次强调的一样，演绎法里的结论会随着设立前提的不同而变化。并且，演绎法不会直接告诉我们如何设立前提。

但水平思考就是着眼于设立前提的方法，通过重新设立前提，思考出未曾有过的想法。

根据爱德华·德·波诺的定义，水平思考作为不受任何前提条件支配的思考方法，人们可以在水平方向任由思想驰骋，而"水平思考"这一名称的由来也在于此。

那么，重新设立前提到底指什么？为理解这一点，让我们来举例说明。

假设你是某大厦的业主，当前你正苦恼于有租户抱怨"等电梯的时间太长"，你会以何种前提思考解决对策？若以演绎法来思考，结果将如下所示：

作为前提的规则：若不优化电梯在各楼层的等待时间，租户的等待时间将会变长。

套入事实：若导入控制电梯等待时间的AI，可以优化各楼层等待时间。

导出结论：因此，导入AI能减少租户等待时间。

但是，该结论意味着大额的设备投资。那么，若重新设立前提，从使用电梯一方的角度来看待该问题，结果又将如何？

在使用电梯一方的角度看来，"等电梯的时间太长"可以理解为"感觉等电梯的时间很无聊"。如此一来，若能将租户"感觉无聊的时间"变为"感觉有价值的时间"，那么无须设备投资，问题就能迎刃而解。

事实上，曾真实存在过这样的案例：大厦业主通过在电梯前竖立一面镜子，将租户等电梯的无聊时间变成了整理着装的有价值的时间。此后，租户投诉大量减少。

将其套入演绎法，结果如下：

作为前提的规则：如果租户感到等电梯的时间很无聊，投诉就会增多。

套入事实：在电梯前竖立一面镜子，能将等电梯的无聊时间变为整理着装的有价值的时间。

导出结论：因此，在电梯前竖立一面镜子会减少租户的投诉。

再举一例。

假设你是某出版社的市场营销负责人，当前正面临图书销量不佳的问题。若使用水平思考的方法，首先应该做的就是找出当前自己设立的默认前提，认识到它们的存在。

· "书是用来阅读的"这一前提
· "书是由纸制造而来的"这一前提
· "书是看完就没用的"这一前提

只有当意识到这些默认前提的存在，我们才能重新设立前提。若能重新设立前提，我们脑海里将会涌现各式各样的想法，如下所示：

· 书不一定要用来阅读→有的书被用作室内装饰
· 书不一定由纸制造而来→有电子书
· 书不一定看完就没用→有的成为了收藏品

因此，若能时常意识到默认前提的存在，重新设立默认前提，那你就能突破演绎法的局限，为自己营造机会，从而创造新的价值。

小结：七个要点

1.演绎法是一种将事实套用于被视为正确的规则后得出结论的推论方法。

2.在演绎法中，由于只是在适用规则与不适用规则中二选一，只要作为前提的规则正确，任何人都很容易得出同样的结论。

3.在演绎法中，作为前提的规则存在且正确无误这一点十分重要。然而，设立正确前提本身绝非易事。

4.就演绎法的特征来说，只要将眼前事实套入规则就一定能导出结论。因此，人们容易陷入盲目套入规则、不斟酌其含义与内容的思考状态。

5.将事实套入作为前提的规则并进行思考时，不应该机械式套入，我们需要培养怀疑的习惯，怀疑前提是否正确、是否足够有深度。

6.为掌握演绎法，需要仔细揣摩常识。我们应该养成思考的习惯，思考该观点的前提是什么，以及该前提是如何通过推导得到这些观点的。

7.若能利用演绎法的不足，做到怀疑前提、以概念理解前提、重新设立前提，将能颠覆长期以来的理所当然与常识，发现新的角度，创造新的价值。

第四章

溯因推理：孕育假说

溯因推理是什么

介绍完归纳法和演绎法，接下来要说明的是溯因推理。

知道眼前看不见的法则的人，时常在处理事务时处于优势；而只能看见表面现象的人，时常被现象玩得团团转，以致蒙受损失。

溯因推理是一种不仅着眼于行动和现象，还通过探索背景和原因来发现法则和假设，将其运用于工作的推论方法。

倘若掌握溯因推理，我们就能接二连三地得出法则和假说，并将通过溯因推理得到的答案与解决方法变成我们的武器。

套入法则，导出假说

溯因推理也被译为"假说推理"。顾名思义，它是一种推导出假说的推论方法，即：

溯因推理：一种将法则套入已发生的现象，导出能够合理解释关于已发生现象的假说的推论方法。

这里的法则指代"种瓜得瓜，种豆得豆"这种因果关系。

溯因推理的提出者是美国哲学家查尔斯·桑德斯·皮尔士（1839—1914）。溯因推理与归纳法、演绎法并列，作为逻辑推论的形式之一，近年正受大众的瞩目。与已经介绍过的归纳法、演绎法不同，溯因推理是发现新假说的推论方法。

为理解溯因推理与归纳法、演绎法的不同，请先看以下关于归纳法的案例。

事实1：给商品A打广告，商品A销售额提高。

事实2：给商品B打广告，商品B销售额提高。

事实3：给商品C打广告，商品C销售额提高。

发现共同点：三者的共同点在于给某商品打广告，该商品的销售额就提高。

结论：因此，给某商品打广告会提高该商品的销售额。

仔细看这个推论，我们会发现在事实中已含有"给某商品打广告会提高该商品的销售额"这一假说。也就是说，归纳法的事实中已经包含了假说。因此，想必你很容易就能明白，归纳法不适用于发现全新的假说。

接下来看看演绎法。

作为前提的规则：如果市场规模缩小，销售额就会减少。

套入事实：当前市场规模正在缩小。

导出结论：因此，预计销售额会减少。

通过观察使用演绎法的推论过程，我们会发现在作为前提的规则中，已经含有"销售额减少"这一假说。也就是说，演绎法中也已包含了假说。演绎法虽适用于检验该假说是否有效，但却不适用于发现全新的假说。

但是，溯因推理作为一种导出能合理解释已发生现象的假说的推论方法，尽管需要反复验证，但通过它能较容易地发现新假说。实际上，科学界很多发现和发明都有一部分归功于溯因推理。

人们在很久以前就表明，假说思考很重要。

所谓假说思考，是指仅依据当前现有的信息来思考问题的本质和解决问题的对策，从而得出现阶段最合理的结论的一种思考习惯。然而，若我们熟练掌握了溯因推理，也就能具备假说思考的能力。

倘若你有完美思考的习惯，那么当围绕某主题收集信息时，你应该无法确认收集信息的合适的范围与深度。你应该也明白，你只能消耗大量时间"地毯式"地收集信息。

但由于只用收集能够判断当前假说是否正确的信息，所以，倘若你掌握了假说思考，你将能有针对性地收集信息，进而节省大量时间。

正如前文所述，在商界存在"帕累托法则"。该法则是指，占比20%的重要输入孕育了80%的成果。为了将稀有资源——时间分配给重要的20%，我们首先需要围绕"何为重要的20%"设立假说。

此外，尽早设立假说有助于大幅提升工作效率。

假设总共有10个课题，聚焦重要的2个课题进行假说思考，能够将验证焦点集于一处。比起对10个课题都进行验证，仅验证这重要的2个课题更容易在短时间内得出结论。

就算最初的假说不成立，你也可以设立别的假说来验证第3个、第4个课题并得出结论。很明显，比起收罗所有课题并全部进行验证，这种做法能更快地解决问题。

在咨询界存在"Quick and Dirty"（快速但粗略）的说法，比起"精益求精，但太耗时间"，更为重要的是"假说粗糙，但验证循环迅速"。

在工作中,假说思考能带来各种各样的好处,而其核心的推论能力还是溯因推理。

溯因推理的简单案例

为便于理解溯因推理,接下来将用简单的案例进行说明。以下为使用溯因推理的典型案例。

> 已发生现象:销售额下降。
>
> 套用法则:若消费人数减少,则销售额下降。
>
> 导出假说:因此,销售额下降肯定是因为消费人数减少。

再举一例。

> 已发生现象:消费人数减少。
>
> 套用法则:若选择购买竞争对手公司的替代产品,则消费人数减少。
>
> 导出假说:因此,消费者人数减少肯定是因为消费者选择购买竞争对手公司的替代产品。

再尝试进一步深入分析该案例。

已发生现象：消费者正选择购买竞争对手公司的替代产品。

套用法则：若竞争对手公司做促销活动，则消费者都会选择购买对方的替代产品。

导出假说：因此，消费者选择购买竞争对手公司的替代产品肯定是因为对方做促销活动。

读到这里，我想你已经注意到了，溯因推理具备演绎法和归纳法没有的优点——能拓宽假说的可能性，并进行深入分析。

请看前文案例。

已发生现象：销售额下降。

套用法则：若消费人数减少，则销售额下降。

导出假说：因此，销售额下降肯定是因为消费人数减少。

但是，当将套用法则的部分替换为"商品单价降低会导致销售额下降"，那么我们将能设立别的假说。

已发生现象：销售额下降。

套用法则：若商品单价降低，则销售额下降。

导出假说：因此，销售额下降肯定是因为商品单价降低。

因此，溯因推理通过更换套用法则，能设立多种假说。

但是，反过来说，能否通过溯因推理设立多种假说，与我们脑海中法则的数量密切相关。敏锐的你一定已经注意到了，养成使用洞察归纳法（在第二章中介绍过）的习惯对增加法则数量十分重要。

能够设立高准确度的假说的人，无不基于日常经验使用洞察归纳法。他们在脑海里储存了很多揭示了事实的前因后果的法则。因此，当他们听闻已发生现象时，会将其套入脑中的法则，从而快速地得出假说。这正是假说思考的真正面貌。

如果你想通过溯因推理设立出色的假说，请妥善利用各种经验，养成使用洞察归纳法发现法则、储存法则的习惯。

使用溯因推理时的注意点

溯因推理与演绎法的不同

值得注意的是，溯因推理与演绎法极易混淆。接下来，我们通过例子来说明。

在前文关于溯因推理的案例中，针对"销售额下降"这一现象，我们套入了"若消费人数减少，则销售额下降"这一法则，从而导出了"因此，销售额下降肯定是因为消费人数减少"这一假说。

溯因推理下：

已发生现象：销售额下降。

套用法则：若消费人数减少，则销售额下降。

导出假说：因此，销售额下降肯定是因为消费人数减少。

演绎法下：

作为前提的规则：若消费人数减少，则销售额下降。

套入事实：消费人数减少。

导出结论：因此，销售额应该也会下降。

读到这里，你应该已经明白，演绎法通过将眼前事实套入正确的前提，以达到预测未来或是进行检验的目的；而溯因推理是将正确的法则套入已发生现象，以达到导出关于原因的假说的目的。

也就是说，溯因推理就是一种从结果推测原因的理论。这样一来，我们就能明白，演绎法的作用是预测未来和确保合理性；而溯因推理的作用是根据已发生的现象推测原因。因此，我们需要注意的是，演绎法和溯因推理虽然是两种一不留神就会混淆的推论方法，但二者的目的和使用场合完全不同。

在工作中使用溯因推理的情况

接下来，就在工作中使用溯因推理的场合进行详细说明。场合大致可分为三类。

场合一：发现问题和解决问题

如今，介绍解决问题的书层出不穷，其中大多数书的撰写者都是活跃在一线的咨询顾问。这本身是一件好事，但同时也招致了一些误会，那就是很多人误以为解决问题的技能是只有咨询顾问、经营策划部员工等少部分人才具备的能力。

若认为解决问题是相关行业的人该干的事，把它视作一份特别的工作，那你总会指望别人来帮自己解决问题。最终，你可能会抱着"多一事不如少一事"的心态，对已发生的问题视而不见，又或者是自己终日无所事事，却对干活的人指指点点。

无论你认为解决问题对自己来说是件多么遥不可及的事，一旦转变为当事人，开始思考"采取什么做法才能离解决问题更近一步"，你就会发现：一直以来你以为自己解决不了的问题里，原来也有能发挥自己作用的部分。

但是，就算进行与已发生的问题相同层次的思考，很多问题仍然找不到解决方法。因为问题由两方面构成：

·问题这一表面现象。
·问题背后隐藏的原因。

作为发生在眼前的现象，我们能够轻松发现存在的问题。而由于问题发生的原因隐藏在问题背后，我们难以直接观察，因此只能依靠推论去寻其踪迹。

读到这里，想必你已经注意到了，要设立从问题找出原因的假说，最为有效的方法即溯因推理。

因为溯因推理作为一种将法则套入已发生现象，从而导出能够合理解释已发生的现象的假说的推论方法，能以问题这一眼前的现象为线索追寻引起问题的原因。

场合二：掌握事实背景和价值

你听过"实体论"与"关系论"这两种理论吗？

实体论是指实体本身具备价值，其代表例是金条；而关系论则是指价值表现在关系之中，其代表例是纸币。

以实体论来看纸币，不过是一张成本20日元的薄纸；但若以关系论来看，大家都明白，我们可以用这张薄纸来交换物品。因此，就算仅是一张成本20日元的薄纸，纸币也具备其特有的价值。

基于关系论的视点，我们发现，事物可以划分为以下两方面进行思考。

· 实体（例：纸币）。

· 所持抽象概念（例：能交换物品）。

在世界上，有物体同纸币一样，尽管实体（薄纸）本身不具备价值，但其持有的抽象概念（能交换物品）蕴含着价值。而溯因推理能帮助我们发现抽象概念里的价值。

这是因为，尽管溯因推理是从已发生的现象中导出关于原因的假说的推论方法，但也可以理解为它是从实体中掌握其背后价值的推论方法。

近年来，互联网和社交媒体渗入我们的生活，信息繁杂。在这样的情况下，我们越来越难把握清楚每一条信息的关联性和存在的背景。但是，也正是在这样的环境下，通过溯因推理来掌握背后价值的能力显得愈发珍贵。

场合三：从已发生的现象中发现并运用法则

从已发生的现象中发现并运用法则是在工作中使用溯因推理的第三种情况。

溯因推理是一种将法则套入已发生的现象，并导出能够合理解释关于已发生现象的假说的推论方法。因此，若已发生的现象与合理解释现象的假说之间的逻辑合理，那么就能突显其中包含的法则。

比方说，近几年来，视频博主非常受欢迎。你是否也曾疑惑过："为什么视频博主这么火？"将这种视频博主受关注的现象套入溯因推理，结果如下所示：

已发生现象：最近视频博主非常受欢迎。

假说：视频博主之所以受到关注，很可能是因为他们的生活方式不受组织束缚。

发现法则：不受组织束缚的生活方式很受欢迎。

在这里，重要的是你对"最近视频博主非常受欢迎"这一已发生的现象产生了疑问，通过思考，你从设立的假说中发现了"不受组织束缚的生活方式很受欢迎"这一法则。加上已经理解了演绎法，你还可以通过使用演绎法来检验该法则的准确性和可重复性。

演绎法1　创业

作为前提的规则：不被组织束缚的生活方式很受欢迎。

套入事实：创业是不受组织束缚的生活方式。

导出结论：因此，创业很受欢迎。

演绎法2　应届生从事自由职业

作为前提的规则：不被组织束缚的生活方式很受欢迎。

套入事实：应届生从事自由职业是不受组织束缚的生活方式。

导出结论：因此，应届生从事自由职业很受欢迎。

演绎法3　个人品牌

作为前提的规则：不被组织束缚的生活方式很受欢迎。

套入事实：尽管平日工作于组织内部，但在社交媒体上成立个人品牌是不受组织束缚的生活方式。

导出结论：因此，打造个人品牌很受欢迎。

像这样，若使用溯因推理来思考假说，并使用演绎法进行检验，你便可以得到能多次出现的法则。之后，通过把发现的法则套入并运用于其他领域，你可能会产生全新的想法和观点。

但是，如果你无法对"最近视频博主非常受欢迎"这一现象产生疑问，那你将没办法得到法则，你的视野也将始终局限于一定范围内。

警惕刚愎自用与片面断定

使用溯因推理时，我们要注意不要刚愎自用，对好不容易发现的事实发表片面的意见。这样的行为既会阻碍我们持有问题意识，也会对我们发现假说和法则的能力产生影响。

反过来说，问题意识是让我们客观捕捉事实、从多种角度分析事实的推论过程，也是拓宽视野的契机。

乍一看，逐一怀疑日常工作和业界常识"为什么是这样""真的是这样吗"，这种行为可能会让人觉得无用且麻烦。

但是，我们可以抱着确认的心态，来思考自己是否渐渐不再有新发现，是否陷入了刚愎自用、思维停滞的状态。让我们试着对自己所认为的常识与这个世界提出疑问："为什么是这样？"

这样一来，我们就可以从各种现象中发现假说和规则，将它们变为知识财富。

使用溯因推理的步骤

接下来就使用溯因推理时的思考步骤进行说明，大致可分为五步。

第一步：觉察已发生现象

当下，我们都可以平等地从电视和网络中获得信息。同时，每个人的一天都是24小时。

尽管如此，人与人之间的知识储备差距高达几倍甚至几十倍。之所以如此，大多是因为他们的"觉察力"不同。也就是说，他们从同样的信息和经验中能觉察到的内容与数量都不尽相同。

请试想一下，一边是一年365天都浑浑噩噩的人，一边是每天都有新发现、不断思考各种事实的人，二者的知识储备的数量与质量必定有天壤之别。

溯因推理作为以已发生的现象为出发点进行推论的推论方

法，启示我们只有觉察到已发生的现象才能抓住孕育假说的契机；而只有抓住孕育假说的契机，才能时刻保持思考的状态，避免出现不会推论、想不出假设等状况。

如果遇上不会推论、想不出假设的状况，我们首先要做的就是去觉察已发生的现象这一溯因推理的出发点。

在日常生活中意识到以下五点，将对我们觉察已发生现象有所裨益。

1. 觉察变化：以前同现在，到底是什么发生了变化？是社会、技术、市场，还是竞争对手？你发现了何种变化？

2. 觉察差异：自家企业与竞争对手公司在哪一部分存在何种差异？目标与非目标之间存在何种差异？

3. 觉察共同点：乍一看毫无关系的事物之间，是否出乎意料地存在共同点？

4. 觉察矛盾：就连平日里觉得理所当然的事实，是否也通过仔细观察发现了其中的矛盾？

5. 觉察流程：眼前的事物是经过何种流程才呈现出来的？通过追溯流程，是否可能与意料之外的事物产生联系？

大脑里的事物构成个人世界的全部，但如果具备了觉察各类现象的能力，我们脑海中的世界将会更加宽广，孕育各种假说的火苗也会悄然燃起。

第二步：持有问题意识

销售额正在下滑。

如果你是一名商务人士，这样的现象对你来说可能见怪不怪。但是，想必很多人有过这样的体验：就算能觉察到"销售额正在下滑"这一事实，随后思维也会陷入僵滞，不知道下一步推论的方向。

觉察到各式各样的现象确实有可能成为溯因推理的出发点，但倘若仅是觉察到现象，而没有问题意识，那么下一步的推论也无法进行。反过来说，倘若发现了事实的变化和差异，并对它们进行恰当的质疑，即意味着我们站在了推论的起点。

如果你觉察到了某种现象，请把它们转换为这样的疑问：为什么会发生这样的现象？该现象发生的原因是什么？

若能将各种发现重新转换为以获得答案为目的而产生的疑问，我们自身的思考也能和溯因推理产生关联。

第三步：套入各种法则，导出假说

"假说"听起来是一个不错的词，不过，假说的准确性越低，其含义越接近于"灵机一动"和"妄想"。

在从已发生的现象中立刻孕育假说前，将世间各种法则套入已发生的现象进行思考，这有助于我们提出更为准确的假说。

面对"为什么销售额正在下滑"这一问题，我们可以套入以下法则。

套入PEST分析导出假说

法则：政治因素消极变化，销售额减少。

是否是某些政策和国家监管力度放缓使得销售额减少？

法则：经济因素消极变化，销售额减少。

是否是汇率、利息、工资收入的变化使得销售额减少？

法则：社会因素消极变化，销售额减少。

是否是生活方式变化、时代潮流、社会事件使得销售额减少？

法则：技术因素消极变化，销售额减少。

是否是设计技术、生产技术或者电子科技的变化使得销售额减少？

套入3C战略三角模型导出假说

法则：如果市场规模缩小，销售额就会减少。

是否因市场已进入衰退期？

法则：竞争对手竞争力增强，销售额减少。

是否因竞争对手正在大幅降价？

法则：自家企业失去竞争力，销售额减少。

是否因顾客对自家企业商品的满意度下降？

因此，如果知道各种法则、理论、框架，通过把它们套入已发生的现象，我们就可以得出恰当的假说。反过来说，如果对各种法则、理论、框架一无所知，那么我们则很容易因难以拥有导出假说的契机而思维停滞。

如果你苦恼于明明有疑问却导不出假说，那么可以先多学一些法则、理论与框架。

此外，在本书第二章谈及孕育法则的推论方法时，曾介绍过洞察归纳法。你也可以尝试养成使用洞察归纳法的习惯，事先积累专属于自己的法则，如此，这些法则将有助于你得出假说。

第四步：进一步导出假说

将已发生的现象套入法则后，下一步是通过归纳整理假说来导出假说。

引起现象发生的原因不一定仅有一个，也可能同时存在多个。如此说来，通过溯因推理孕育的假说也应该需要多个。

所谓归纳整理假说，是指既无纰漏也无重复地以树状图的形式整理关于已发生现象的原因的多项假说。

假设将"销售额正在下滑"这一现象套入"销售额＝市场规模×市场占有率"这一法则，归纳整理假说后，得到的结果将如下所示：

已发生现象：销售额正在下滑

归纳整理假说

假说1：销售额下滑是否是因为市场规模正在缩小？

假说2：销售额下滑是否是因为市场占有率正在减少？

再用PEST来分析"是否是因为市场规模正在缩小"，结果如下。

假说1：销售额下滑是否是因为市场规模正在缩小？

归纳整理假说

假说①：市场规模缩小是否是因为政治因素消极变化？

假说②：市场规模缩小是否是因为经济因素消极变化？

假说③：市场规模缩小是否是因为社会因素消极变化？

假说④：市场规模缩小是否是因为科技因素消极变化？

通过反复分析，我们应该可以既无纰漏也无重复地整理出树状图，这在商界里被称为逻辑树状图（图4-1）。

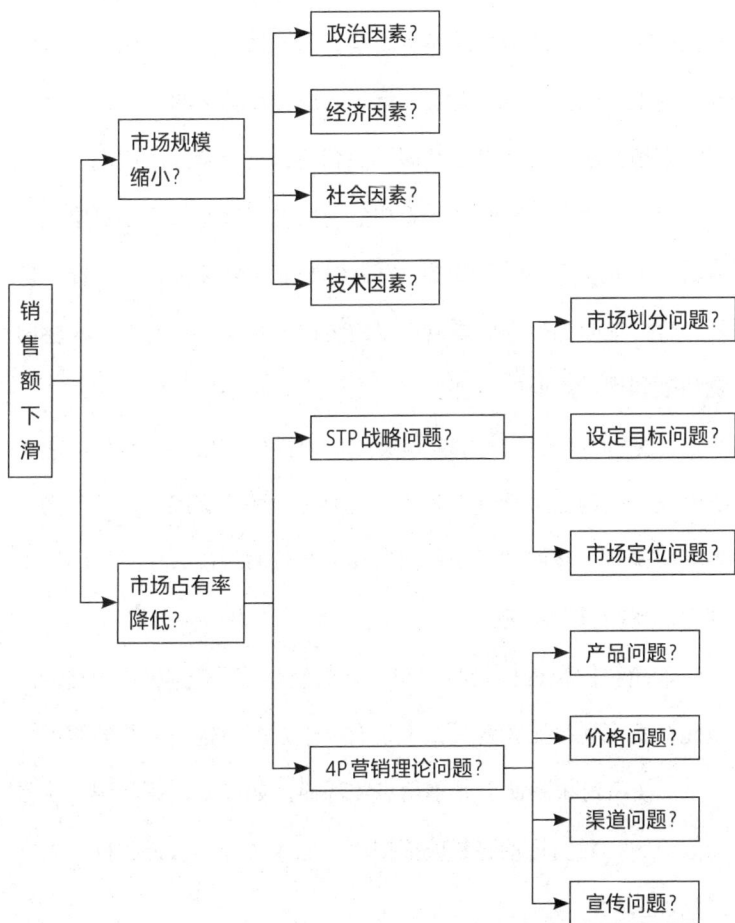

图 4-1　对假说进行归纳整理的逻辑树状图

将归纳整理的假说绘制成树状图是一种非常实用的行为，它具体有三个优点。

1.使用树状图可以在导出假说时避免遗漏和重复。导出假说时，存在遗漏则意味着假说有漏洞。倘若遗漏的部分属于核心内容，施策可能无法直切要害。反过来说，倘若以树状图的形式来归纳整理假说，就可以填补假说的漏洞，进一步导出假说。

同时，存在重复则意味着相似的假说多次作为活动对象经过检验，而重复工作会导致生产效率降低和无用的重复投资。但是，合理地归纳整理假说就可以避免内容重复，也有助于检验假说和顺利推进后面的步骤。

2.使用树状图便于给要检验的假说排序。由于任何经济活动所能投入的资源（资金、时间、人力等）都是有限的，所以当有多项假说时，我们需要比较并选择最有效的假说。这时，归纳整理假说就能派上用场。

若能对假说进行归纳整理，一览便知哪些是应检验的假说。因此，直接列举比较各类假说将有助于判断应优先检验的假说。

3.使用树状图便于共享信息和沟通。如果使用树状图，从多项假说中，我们将很容易就能把要同他人讨论的假说项挑选出来并整理清楚。

同时，我们还能轻松地掌握假说的抽象层面与具体层面。具体来说，通过判断当前所谈的假说是影响战略层面的内容，还是影响个别措施层面的内容，我们可以保证二者都未遗漏。

最终，由于已经明确要讨论的假说的内容与层面，所以我们能更顺利地与他人共享信息、沟通交流。

第五步：检验因果关系

通过归纳整理假说得出关于已发生现象的假说后，下一步就是检验假说与已发生现象之间的因果关系。

假设你当前正苦恼于企业毛利减少，将其套入溯因推理后，我们可以将已发生现象视为"毛利减少"。

针对"毛利减少"这一现象，若套入"消费人数减少会使毛利减少"这一法则，我们将得出以下假说。

> 已发生现象：毛利减少。
>
> 套入法则：消费人数减少会使毛利减少。
>
> 导出假说：因此，毛利减少肯定是因为消费人数减少。

另外，再套入"消费者单笔成交额下降会使毛利减少"这一法则，我们将得出以下结论。

已发生现象：毛利减少。

套入法则：消费者单笔成交额下降会使毛利减少。

导出假说：因此，毛利减少肯定是因为消费者单笔成交额下降。

但这些还不够。因为毛利＝销售额－生产成本，所以我们还需要对生产成本方面设立假说。

已发生现象：毛利减少。

套入法则：生产成本增加会使毛利减少。

导出假说：因此，毛利减少肯定是因为生产成本增加。

如果归纳整理了这些假说，再对消费人数、单笔成交额、生产成本进行检验，我们应该不难查明毛利减少的原因。但在实际工作中，常常会有消费人数和单笔成交额都下降的情况。这时，事先把握原因和结果之间的因果关系将对我们有所帮助。

假设具体数值如下：

过去

消费人数：2000人

单笔成交额：1000日元

生产成本：600日元/个

毛利：80万日元

现状

消费人数：1800人（下降10%）

单笔成交额：900日元（下降10%）

生产成本：600日元/个

毛利：54万日元（下降32.5%）

　　也就是说，消费人数和单笔成交额都下降导致毛利下降了32.5%。为使毛利恢复至80万日元，你会优先增加消费人数还是单笔成交额？

　　面对这一问题，你需要理解"增加消费人数会使毛利增加"与"增加单笔成交额会使毛利增加"这两点各自的因果关系。

　　假设你优先增加消费人数，单笔成交额维持在下降后的900日元，那么你必须通过增加消费人数来完成毛利80万日元的目标。这时，通过计算得出，需要2667名（约当前的1.48倍）消费者消费。

消费者人数：2667人（约当前的1.48倍）

单笔成交额：900日元（固定）

生产成本：600日元/个

毛利：80万日元

另一种情况是优先增加单笔成交额。通过计算得出，需要单笔成交额增加为1045日元（约为当前的1.16倍）。

消费者人数：1800人（固定）

单笔成交消费额：1045日元（约当前的1.16倍）

生产成本：600日元/个

毛利：80万日元

这样看来，在考虑投入有限的经营资源时，将消费人数从1800人增加为2667人（1.48倍），比将单笔成交额从900日元增加为1045日元（1.16倍）会更容易（表4-1）。

溯因推理可以将已发生现象套入各种各样的法则，通过归纳整理孕育出多项假说。

既然孕育假说的目的在于更好地进行决策和采取行动，那么，深入思考现象与原因之间的因果关系的强度就显得分外重要。

表 4-1　检验因果关系表

	销售额			生产成本		毛利
	消费者人数（名）	单笔成交额（日元）	单笔成交额（日元）	生产成本(日元/个)	生产成本＝消费者人数×生产成本	毛利＝销售额-生产成本
过去	2,000	1,000	2,000,000	600	1,200,000	800,000
现状	1,800	900	1,620,000	600	1,080,000	540,000

	销售额			生产成本		毛利
	消费者人数（名）	单笔成交额（日元）	单笔成交额（日元）	生产成本（日元/个）	生产成本＝消费者人数×生产成本	毛利＝销售额-生产成本
情况1：增加消费人数	2,667（1.48倍）	900	2,400,300	600	1,600,200	800,100
情况2：增加单笔成交额	1,800	1,045（1.16倍）	1,881,000	600	1,080,000	800,100

如何在工作中使用溯因推理

在理解了使用溯因推理时的思考步骤后，让我们来看看如何将溯因推理运用于工作中。

由于溯因推理是将法则套入已发生现象，并导出能够合理解释已发生现象的假说的推论方法，所以溯因推理非常适用于如下场合。

场合一：查明问题原因

世界上很多的事物都是由多项要素交织而成的，整体提供同一功能。而很多情况下，一个大问题是由多个小问题集聚而成的。

因此，当要查明问题的根本原因或解决问题时，有效的技巧通常是将事实拆分为树状图，然后分别思考各个节点。

将问题分为树状图，有条理地寻找原因与解决办法的思维工具，正是前文提到的"逻辑树状图"。

当发生问题时，首先必须查明问题的发生点。这时，能派上用场的思维工具为"What逻辑树"，也叫"要素分解逻辑树"。

"What逻辑树"是以查明问题的发生点为目的，将问题分解为各个要素的逻辑树状图。而要描绘恰当的"What逻辑树"并查明问题的发生点，少不了溯因推理。

为了加强理解，接下来结合案例进行说明。

假如你所在的企业存在多个事业部，出售多项产品，当前正面临公司整体销售额减少的问题。由于整体销售额的构成涉及多个事业部和多项商品，你很难通过浏览整体获得有益的启示。

如果要查明问题的发生点，应绘制"What逻辑树"（图4-2）。换句话说，这也是在归纳整理关于问题发生点的假说。

以溯因推理的观点理解该"What逻辑树"，你会发现需要经过如下推论过程：

企业整体→B事业部

已发生现象：企业整体的销售额正在减少。

套入法则：B事业部的销售额减少会使企业整体的销售额减少。

导出假说：因此，企业整体的销售额减少是因为B事业部的销售额正在减少。

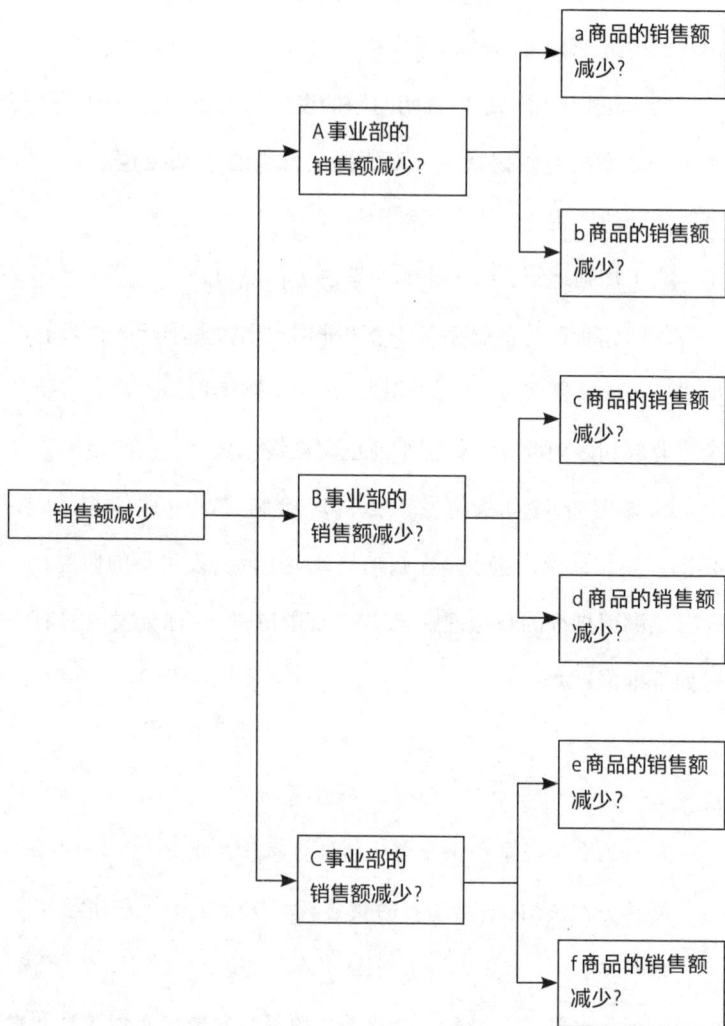

图 4-2　通过"What 逻辑树"查明问题的发生点

B事业部→d商品

已发生现象：B事业部的销售额正在减少。

套入法则：d商品的销售额减少会使B事业部的销售额减少。

导出假说：因此，B事业部的销售额减少是因为d商品的销售额正在减少。

只有将溯因推理运用于各事业部、各商品，我们才能完成"What逻辑树"的绘制。

这意味着，合并使用"What逻辑树"这一框架与溯因推理这一推论方法会帮助我们厘清整体与部分的结构，查明问题的发生点。然后就是查明问题发生的原因。这时，常用的就是"Why逻辑树"，也叫"追究原因逻辑树"。

"Why逻辑树"是以查明问题原因为目的，用因果关系逐步拆分构成要素的逻辑树状图。

在刚才的案例中，若将"d商品销售低迷的原因"拆分为"销售额＝消费人数×单笔成交额"和"销售额＝咨询量×成交率"进行分析，我们就进入了"Why逻辑树"的范畴（图4-3）。

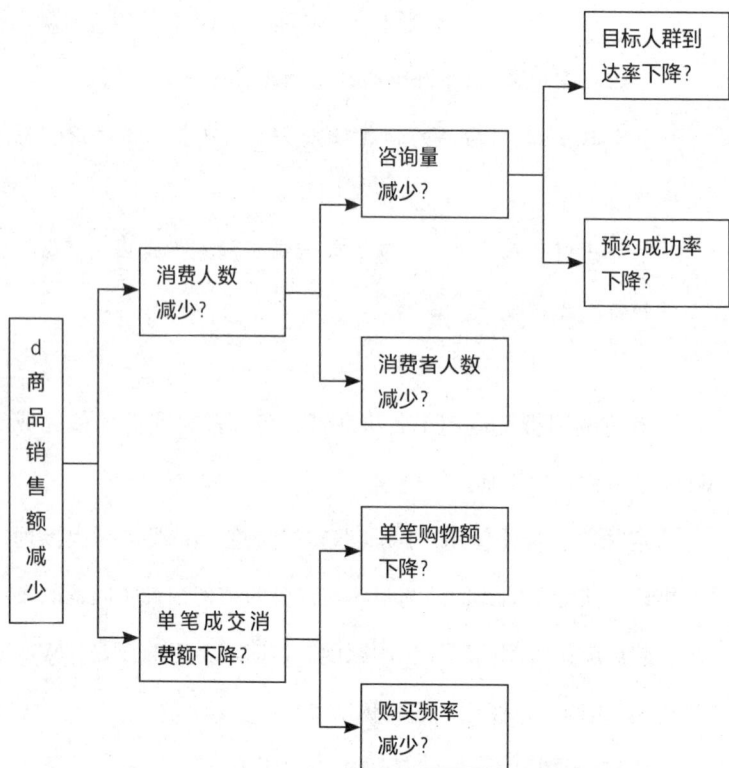

图 4-3　通过"Why 逻辑树"查明问题的发生原因

　　若再次以溯因推理的视点理解该"Why 逻辑树",你会发现其推论过程如下所示:

d 商品→消费人数

已发生现象:d 商品的销售额正在减少。

套入法则：d商品的消费人数减少会使d商品的销售额减少。

导出假说：因此，d商品的销售额减少是因为d商品的消费人数减少。

消费人数→咨询量

已发生现象：d商品的消费人数正在减少。

套入法则：有关d商品的咨询量减少会使d商品的消费人数减少。

导出假说：因此，d商品的消费人数减少是因为有关d商品的咨询量减少。

消费人数→咨询成交率

已发生现象：d商品的消费人数正在减少。

套入法则：有关d商品的咨询成交率下降会使d商品的消费人数减少。

导出假说：因此，d商品的消费人数减少是因为有关d商品的咨询成交率下降。

只有将溯因推理运用于各构成要素，我们才能完成"Why

逻辑树"的绘制。

这意味着，合并使用"Why逻辑树"这一框架与溯因推理这一推论方法能帮助我们厘清结果与原因之间的结构，查明问题发生的原因。

场合二：捕捉潮流背景，运用于工作

如今，只要使用搜索引擎，哪怕是外行人都能无限量获取教科书式的方法与知识。

但是，若仔细观察周围正在发生的现象，试着进行推论，你会发现，作为表象出现在眼前的现象，其背后存在着原因和结构。

每天在电视和网络上播放的新闻本身不过是现象，但其背后存在着现象发生的原因和结构。

因此，现实里一定存在着引起某现象的原因，只要你能妥善运用溯因推理，就能弄清楚这些原因，并将其运用于自己的工作之中。

弄清现象发生的原因

假设你在看某资深媒体人的电视节目（该媒体人的电视节目

以高收视率而出名，而这不过是表象），并留意到"该媒体人的电视节目收视率高"这一客观事实，思考"为什么该媒体人的电视节目收视率高"这一问题，你就站在了溯因推理的起点。

在持有疑问后，下一步就是套用法则。但倘若你脑海中没有积累一定量的法则，你大概率会在套用法则这一步上受挫。这种情况下，有效的做法是在这一过程中穿插利用第二章介绍的洞察归纳法，而不是一味追求速度，立刻套用法则。

以防大家对洞察归纳法有所遗忘，让我们进行简单的复习。洞察归纳法是一种通过洞察发现共同点的推论方法，它有助于我们发现个人专属法则。

既然我们已经复习了洞察归纳法，那么你应该可以就该媒体人的电视节目列举出多项事实，同时使用抽象和多元视角发现以下共同点。

事实1：该媒体人的节目能以简明易懂的形式介绍复杂的时事新闻。

事实2：该媒体人的节目客观公正，不将个人意见强加于人。

事实3：该媒体人的节目会毫不避讳地抨击政治家，说出普通百姓的心声。

发现共同点：富有智慧、理性且不落俗套。

紧接着，你可以把从洞察归纳法中得到的共同点直接用作套用法则。于是，对该媒体人的节目进行溯因推理的过程将如下所示：

　　已发生现象：该媒体人的电视节目收视率高。

　　套用法则：节目如果富有智慧、理性且不落俗套，收视率会提高。

　　导出结论：该媒体人的电视节目之所以收视率高，肯定是因为其节目富有智慧、理性且不落俗套。

　　但是，假如"节目如果富有智慧、理性且不落俗套，收视率会提高"这一法则不具备准确性，那么导出的假说不过是一时兴起的想法。因此，为确保准确性，本次我们用第三章介绍的演绎法来检验这一法则的准确性。

　　检验法则的准确性1　《世界上最想上的课》[1] × 演绎法

　　作为前提的规则：如果节目富有智慧、理性且不落俗套，收视率就会提高。

　　套入事实：日本电视台的《世界上最想上的课》是富有

---

[1] 原名"世界一受けたい授業"，日本教育类综艺节目，于2004年10月30日首播。

智慧、理性且不落俗套的电视节目。

导出结论：《世界上最想上的课》的收视率应该很高。

检验法则的准确性2 《林老师的初耳学》❶×演绎法

作为前提的规则：如果节目富有智慧、理性且不落俗套，收视率就会提高。

套入事实：日本每日放送电视台的《林老师的初耳学》是富有智慧、理性且不落俗套的电视节目。

导出结论：《林老师的初耳学》的收视率应该很高。

检验法则的准确性3 《真假TV》❷×演绎法

作为前提的规则：如果节目富有智慧、理性且不落俗套，收视率就会提高。

套入事实：日本东京电视台的《真假TV》是富有智慧、理性且不落俗套的电视节目。

导出结论：《真假TV》的收视率应该很高。

---

❶ 原名"林先生の初耳学"，日本教育类综艺节目，于2015年4月首播。节目最初名称为"林先生が驚く初耳学"（令林老师惊讶的初耳学），后于2019年4月14日改名。

❷ 原名"ホンマでっか！？ TV"，日本脱口秀类综艺节目，于2009年10月19日首播。

倘若这三个案例推导的演绎法都成立，那就可以判断"如果节目富有智慧、理性且不落俗套，就会提高收视率"这一法则非常准确。由此，从法则中得出的假说也很准确。

假设你是媒体公司和媒体网页的负责人，你可以设想将"富有智慧、理性且不落俗套"这一要点应用于自家企业的付费内容。

假设你是报社的记者，除刊登会淹没于信息洪流中的新闻时事和速报之外，你还可以考虑添加富有智慧、理性且不落俗套的新闻，以丰富报纸的内容。

假设你是网站新闻的专刊负责人，你除了可以报道最新的潮流资讯，还可以选用一些富有智慧、理性且不落俗套的精选内容以充实专刊内容。

倘若你能通过溯因推理发现其背后的法则和假说，就可以使用类比法将它们应用于其他领域，创造新的价值。

场合三：套用其他企业的成功案例

商界里有"KSF"一词。

KSF是"Key Success Factors"的简称，译为中文是关键成功因素法的意思，它也被称为"KFS"（Key Factor for Success）或"CSF"（Critical Success Factors）。

由于溯因推理是推论已发生现象的原因，所以当我们从其他企业的成功案例（已发生现象）中分析成功要因（原因）时，我们也能用到它。

假设通过书籍或网络，你阅读到了介绍某摩托车品牌的成功案例的新闻。

该摩托车品牌因在摩托车市场别具一格而广为人知，而这本身不过是表象。如果你心中有"为什么该摩托车品牌能确保在摩托车市场里别具一格的风格"的疑问，你就站在了溯因推理的起点。

但是面对这一问题，我们很难立刻套用法则。让我们试着和刚才一样，首先使用洞察归纳法，通过抽象和多元视角进行思考。

事实1：在摩托车市场，小型摩托车占据主流，而该摩托车品牌生产大型摩托车。

事实2：消费者倾向于购买价格实惠、油耗低的摩托车，而该摩托车品牌价格高昂。

事实3：大多消费者都将摩托车视为日常出行的交通工具，而该摩托车品牌属于适合休闲娱乐的工具。

发现共同点：该摩托车品牌的共性在于其特点均与常识相悖。

而这一共同点能够直接带入"套入法则"部分。

已发生现象：某摩托车品牌正在打造自己别具一格的风格。

套入法则：与常识相悖的行为能打造别具一格的风格。

导出结论：该摩托车品牌之所以能打造别具一格的风格，一定是因为其行为与常识相悖。

下面也使用演绎法来检验"与常识相悖的行为能打造别具一格的风格"这一法则的准确性。

检验法则准确性1　某智能手机品牌×演绎法

作为前提的规则：与常识相悖的行为能打造别具一格的风格。

套入事实：某智能手机品牌打破了一直以来的功能与性能竞争，依靠精美的设计和使用便捷性打造了自己别具一格的风格。

导出结论：该智能手机品牌之所以能打造别具一格的风格，一定是因为其开发行为与常识相悖。

检验法则准确性2　某冰激凌品牌 × 演绎法

作为前提的规则：与常识相悖的行为能打造别具一格的风格。

套入事实：某冰激凌品牌打破了人们"冰激凌是孩子吃的"这一常识，并作为"成年人的甜点"打造了自己别具一格的风格。

导出结论：该冰激凌品牌之所以能打造别具一格的风格，一定是因为其开发行为与常识相悖。

检验法则准确性3　某服饰品牌 × 演绎法

作为前提的规则：与常识相悖的行为能打造别具一格的风格。

套入事实：某服饰品牌打破了"衣服是自身装饰物"这一常识，并以"衣服是零件"的理念打造了自己别具一格的风格。

导出结论：该服饰品牌之所以能打造别具一格的风格，一定是因为其开发行为与常识相悖。

通过以上三例验证，我们发现"与常识相悖的行为能打造别具一格的风格"这一法则非常准确。由此，从法则中得出的假说也很准确。

倘若你是企业的事业开发或商品开发的负责人，下次可以考虑能否将"与常识相悖"这一KSF运用于自家公司的新事业或新商品开发。

通过参考各类企业的成功事例，思考并寻找KSF，我们就能将溯因推理运用于自己的工作之中。

如何练习使用溯因推理

接下来就练习溯因推理的方法进行解说。

练习溯因推理的方法与归纳法和演绎法相同，也就是将溯因推理融入我们当前已有的习惯，而不是特地为练习溯因推理预留时间。

练习一：融入日常工作

如何在日常工作中发现问题，并把使用溯因推理视作一种习惯，将成为我们掌握溯因推理的关键。之所以这么说，是因为灵活使用推论能力的关键就在于反复练习基础技能。

如果仔细观察，你应该会发现你所在的职场的各类潜在的问题。虽然职场存在问题本身令人忧虑，但从练习溯因推理的角度来看，说它是个宝藏也不为过。

比如，虽然近几年高呼工作方式改革，但职场却普遍存在这样的问题：员工明明不得不减少加班时间，可按时下班又完不成工作任务。

如果能将这一问题变为"为什么员工的工作无法按时完成"，那我们就站在了练习溯因推理的起点上。

但是仅持有疑问还无法算作溯因推理的练习，持有疑问后所需的，正是套入法则与孕育假说。

假设你试着观察职场后，发现了"工作量大会导致员工无法按时完成工作"这一法则，那么溯因推理将如下所示：

> 已发生现象：工作无法按时完成。
>
> 套入法则：工作量大会导致员工无法按时完成工作。
>
> 得出假设：因此，员工无法按时完成工作的原因在于工作量大。

但是，员工无法按时完成工作的原因并不仅限于工作量大。假设你发挥推论力，发现了别的法则——"期限短导致员工无法按时完成工作"。那么溯因推理的过程将如下所示：

> 已发生现象：工作无法按时完成。
>
> 套入法则：期限短导致员工无法按时完成工作。

得出假设：因此，员工无法按时完成工作的原因在于期限短。

在此之上，倘若你能注意到"速度慢会导致工作无法按时完成"这一法则，你将能提出如下假说。

已发生现象：工作无法按时完成。

套入法则：速度慢导致员工无法按时完成工作。

得出假设：因此，员工无法按时完成工作的原因在于速度慢。

这样一来，对于"工作无法按时完成"这一现象，将设立三项假说。

· 是因为工作量大？

· 是因为期限短？

· 是因为速度慢？

随后，我们再以影响程度与发生频率为标准，对这三项假说进行验证。这样一来，工作无法按时完成的真正原因就将浮出水面。

进阶到下一个问题

然而，溯因推理到这里还没结束。假设员工之所以无法按时完成工作，是因为速度慢，那么，我们又需要提出新的问题：为什么速度慢？

假设在思考该问题的原因时，我们发现了"工作能力不足使速度下降"这一法则。这样一来，当能力欠缺的新人推进工作时，速度下降也并不稀奇。此时，溯因推理的过程如下所示：

已发生现象：速度慢。

套入法则：工作能力不足使速度下降。

导出结论：之所以速度慢，是因为工作能力不足的人在负责这项工作。

此外，速度慢的另一个原因是返工内容多。在这种情况下，溯因推理的过程将如下所示：

已发生现象：速度慢。

套入法则：返工内容多会使速度下降。

导出结论：之所以速度慢，是因为返工内容多。

像这样，若在得出"员工无法按时完成工作的原因在于速度慢"这一结论后继续推论，思考速度慢的原因，那么我们距离问题的真正原因会更近一步。这一过程归纳整理后为下图所示：

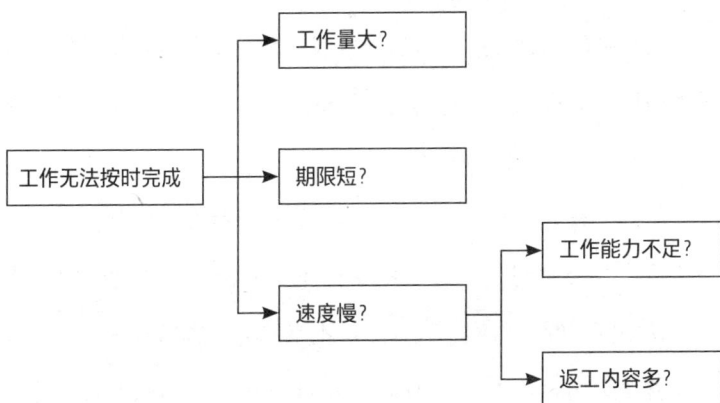

图 4-4　归纳分析"工作无法按时完成"的原因

若能将每天职场中发生的问题都思考到这个程度，我们将会获得众多的法则。本次得到的法则如下：

- ·工作量大会使工作无法按时完成。
- ·期限短会使工作无法按时完成。
- ·工作能力不足会使速度下降。
- ·返工内容多会使速度下降。

工作无法按时完成的原因只能用于当前特定的职场，而通过溯因推理得到的众多法则则有机会应用于其他场合。总之，通过溯因推理，我们不仅能够发现职场问题的真正原因，还能收获一份长久且有效的法则财产。

当在别的场合发生类似的问题时，我们就不需要绞尽脑汁地思考原因，而可以直接套用这些法则快速得出假说，为了加深理解，让我们来看看别的例子。

想必"开会时间长"也是众多公司普遍存在的问题。

将"开会时间长"这一现象转换为"为什么开会时间会变长"这一问题时，你能套入什么法则来思考问题的答案？

首先想到的是"会议目的不明确会导致开会时间变长"这一法则。因为"会议目的不明确"意味着参会人员不理解"为了什么而参加本次会议"。这样一来，参会人员会随心所欲地进行发言。最终，发言内容不成体系，会议时间也被拖长。将这一过程套入溯因推理则如下所示：

已发生现象：开会时间长。

套入法则：会议目的不明确会导致开会时间变长。

导出假说：因此，开会时间变长是因为会议目的不明确。

但是，就算会议的目的很明确，也可能会有其他原因导致开会时间变长。

例如未确定会议议程，若事前没有决定议程，会上离题的内容就会变多，从而导致会议时间的延长。将这一过程套入溯因推理则如下所示：

已发生现象：开会时间长。

套入法则：未确定会议议程会导致开会时间变长。

导出假说：因此，开会时间变长是因为未确定会议议程。

假设你还注意到"判断标准不明确会导致开会时间变长"这一法则，那就可以设立假说。

已发生现象：开会时间长。

套入法则：判断标准不明确会导致开会时间变长。

导出假说：因此，开会时间变长是因为判断标准不明确。

这样一来，面对"开会时间长"这一现象，我们可以得出以下三个假说：

· 是因为会议目的不明确？

· 是因为未确定会议议程？

· 是因为判断标准不明确？

但同前文一样，溯因推理并未到这一步就结束。假设"开会时间变长"的原因被判断为"因判断标准不明确"，那么，接下来你就需要思考：为什么判断标准不明确？

假设你在思考原因时注意到，判断标准需要以下两个要素：

· 判断事项：应该参照什么进行优劣判断？

· 判断程度：面对各判断事项，达到何种程度才算优秀？

这样一来，溯因推理的公式将为如下两条：

溯因推理1

已发生现象：为什么判断标准不明确？

套入法则：判断事项不明确会导致判断标准不明确。

导出假说：因此，判断标准不明确是因为判断事项不明确。

溯因推理2

已发生现象：为什么判断标准不明确？

套入法则：各判断事项的判断程度不明确会导致判断标准不明确。

导出假说：因此，判断标准不明确是因为各判断事项的判断程度不明确。

在溯因推理的过程中，若思考到"开会时间变长是因为判断标准不明确"这一步后，你还能进一步思考，探究判断标准不明确的原因，那么你将会更接近问题的本质。这一过程归纳整理后即为下图所示：

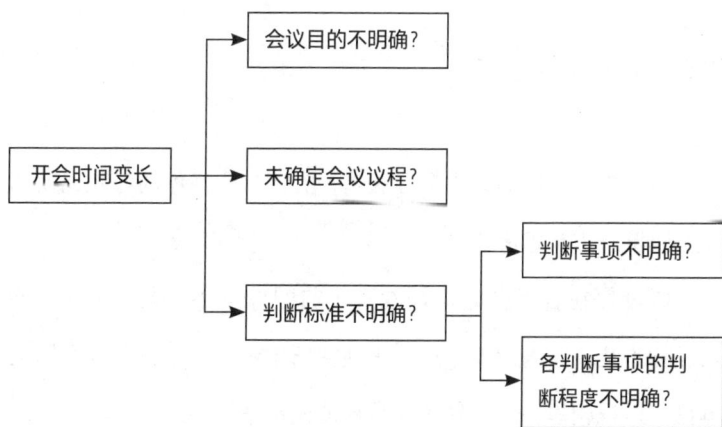

图 4-5　归纳分析"开会时间变长"的原因

所以，若能将"开会时间变长"这一问题挖掘到这一地步，你将能获得众多法则，具体如下所示：

- ·会议目的不明确会导致开会时间变长。
- ·未确定会议议程会导致开会时间变长。
- ·判断标准不明确会导致开会时间变长。
- ·判断事项不明确会导致判断标准不明确。
- ·各判断事项的判断程度不明确会导致判断标准不明确。

同样，当在别的场合发生类似的问题时，你可以直接通过套用这些法则快速得出假说。

练习二：套入生活现象

练习溯因推理的第二个办法是，尝试将生活中的各种现象套入溯因推理进行思考。

假设你在看电视时正好看到了前网球选手、艺人M君。M君在日本几乎家喻户晓，近年来他活跃于荧屏，不仅出现在综艺节目、电视剧里，还担任了体育界的网球解说员。

当然，看电视的目的是为了享受节目带来的乐趣，但你不妨试着提出疑问：为什么M君这么受欢迎？

虽然进行溯因推理的下一步通常是套入法则，但倘若你一下子想不出合适的法则，可以先试着使用洞察归纳法，运用抽象化和多元视角来寻找M君个性中的共同点。

> 事实1：M君性格热情，让人讨厌不起来。
>
> 事实2：M君为人真诚，努力拼搏，还有搞笑的一面。
>
> 事实3：M君的网球解说恰当准确，实际上非常厉害。
>
> 发现共同点：一本正经却又很搞笑。

这样一来，溯因推理的推论过程将如下所示。

> 已发生现象：M君很受欢迎。
>
> 套入法则：一本正经却又很搞笑的人很受欢迎。
>
> 导入假说：M君之所以受欢迎，是因为他虽然一本正经却又很搞笑。

读到这里，想必你已经注意到，从溯因推理中得到的假说是否正确，完全取决于套入的法则是否妥当。接下来，让我们使用演绎法来验证一下法则的妥当性。

演员T×演绎法

作为前提的规则：一本正经却又很搞笑的人很受欢迎。

套入事实：演员T就是一本正经却又很搞笑的人。

导出结论：因此，演员T非常受欢迎。

艺人H×演绎法

作为前提的规则：一本正经却又很搞笑的人很受欢迎。

套入事实：艺人H就是一本正经却又很搞笑的人。

导出结论：因此，艺人H非常受欢迎。

将通过溯因推理得到的法则套入演绎法，我们可以验证法则是否妥当。而你在得到了"一本正经却又很搞笑的人很受欢迎"这一法则后，可以将该法则应用于诸多领域。

假设你是某企业的品牌设计负责人，通过给自家企业的吉祥物设定一本正经却又很搞笑的形象，说不定吉祥物会大受欢迎。或者，通过赋予企业社交媒体官方账号一本正经却又很搞笑的特点，或许能达到增加粉丝量的效果。

因此，通过套入各种生活现象来练习溯因推理，我们能得到各种法则，并将其应用于诸多领域。

小结：七个要点

1.溯因推理是一种将法则套入已发生现象，并导出能够合理解释已发生现象的假说的推论方法。

2.溯因推理是假说思考中不可或缺的推论能力。

3.溯因推理具备演绎法和归纳法所没有的优点——拓宽假说的可能性。

4.能否使用溯因推理设立不同的假说，关键在于积累的法则数量是否足够多。

5.用演绎法去验证溯因推理得到的假说，将会收获可多次应用的法则。

6.归纳整理溯因推理的过程有助于孕育众多假设。

7.鉴于孕育假说的目的在于将决策与溯因推理关联在一起，所以有必要深入思考现象与原因之间的因果关系的强度。

第五章

搭配使用推论能力，
效果翻倍

归纳法 + 演绎法：保持一致性

推论能力只有运用于工作才能取得成果。为了将推论能力运用于工作，我们不仅需要理解单个推论法的使用方法，还需要掌握将诸多推论能力组合运用的方法。

因此，本章将会向大家详细介绍组合运用归纳法、演绎法、溯因推理的方法。

制订基础方针与单独方针

商业就是反复在有限的资源中进行选择和集中的行为，我们常常需要决定选择什么、将资源集中投入哪里。这时，重要的就是用广阔的视野审视自家企业，包括觉察商业环境的变化与目前所处的状况，由此发现自家企业应该聚焦于何处。这在商界被称为方针、战略或商业概念。

一旦方针固定，所有的措施都必须基于方针，自始至终保持一致。倘若方针与措施不一致，则意味着每项措施的目的都各不相同、杂乱无章。这样一来，最初选定方针就毫无意义了。

当我们想基于自家公司所处的环境制订方针，并保持方针与举措一致时，搭配运用归纳法与演绎法将能为我们提供帮助。

用归纳法决定组织方针

假设你是某化妆品公司的市场营销负责人，通过各项市场调查和现场考察，你注意到如下事实：

> 针对敏感肌顾客的化妆品，其包装多如医药品盒子一般简朴。
>
> 针对敏感肌顾客的化妆品，其核心在于利用商品功能吸引消费者，诸如产品设计基于皮肤病学、内含皮肤修复成分等。至于外观设计，则不具备勾起女性购物欲的奢华美感。
>
> 最终，深受敏感肌困扰的女性顾客们无法像一般女性一样毫无顾忌地享受化妆品的乐趣。

假设你注意到这些事实后，认为发售具备奢华美感的敏感肌专用化妆品，一定会销量喜人。

但是，若仅停留在"认为"这一层次，这一想法不过是一时兴起。为了将发售"具备奢华美感的敏感肌专用化妆品"设定为组织方针，你需要列出一套逻辑让决策者同意你的提案。这时，归纳法能派上用场。

事实1（市场的角度）：很多敏感肌的女性顾客正在谋求具备奢华美感的敏感肌专用化妆品。

事实2（竞争对手的角度）：在具备奢华美感的敏感肌专用化妆品的领域，不存在强有力的竞争对手。

事实3（自家企业的角度）：生产具备奢华美感的敏感肌专用化妆品可以采用自家企业的优势技术。

共同点：具备奢华美感的敏感肌专用化妆品是一个有吸引力的市场。

结论：因此，若发售具备奢华美感的敏感肌专用化妆品，一定会销量喜人。

相信你已经敏锐地注意到了，该案例运用3C战略三角模型排列客观事实，并以这些事实为依据，得出了"具备奢华美感的敏感肌专用化妆品一定会销量喜人"这一结论。

鉴于该结论是在通过3C战略三角模型罗列事实后进行

MECE分析得到的结果，此外还有多项事实佐证，所以说服力极强。

读到这里，相信你也明白，归纳法是一种列举多项事实—基于事实寻找共同点—基于共同点得出结论的推论方法，在从多项背景、环境变化中导出商业方针时能够发挥作用。

用演绎法保持方针一致

但这并不是说有了方针，商业活动就能完全顺利地推进下去。在实际的工作中，决定方针后还是会遇到不少困难。

这是因为，虽然方针的主导权多掌握在事业企划部、市场营销部等商业流程中的上游部门手上，但当你的提案进入立项阶段时，诸如商业企划部、营业部、广告宣传部等部门通常也会参与进来。

最终，你所设想的方针会离你越来越远，在各部门的想法与利害关系的复杂交汇中呈离心趋势。稍微留意一下，你会发现，各部门会提出一些不具备与方针的一致性的对策，而这正是职场里的常态。

但正如前文解释的那样，一旦方针固定，所有举措都必须与该方针保持一致。这种情况下，搭配使用归纳法与演绎法将能为其提供帮助。

假设"发售具备奢华美感的敏感肌专用化妆品"这一方针得到管理层认可，你尝试将其落实到各部门的方针之中。套入演绎法后，情况如下所示：

商品企划部 × 演绎法

作为前提的规则（方针）：具备奢华美感的敏感肌专用化妆品一定能热卖。

套入事实：在散发高级感、有女人味的包装上，敏感肌的女性会感受到奢华美感。

结论：因此，散发高级感、有女人味的包装能让化妆品热卖。

方针：研发让人感觉有高级感和女人味的包装。

营业部 × 演绎法

作为前提的规则（方针）：具备奢华美感的敏感肌专用化妆品一定能热卖。

套入事实：在百货商店售卖的化妆品中，敏感肌的女性会感受到奢华美感。

结论：因此，在百货商店销售化妆品能够热卖。

方针：开拓百货商店销售渠道。

广告宣传部 × 演绎法

作为前提的规则（方针）：具备奢华美感的敏感肌专用化妆品一定能热卖。

套入事实：看到高端女性杂志里介绍的化妆品，敏感肌的女性会感受到奢华美感。

结论：因此，在高端女性杂志里介绍该化妆品能够热卖。

方针：在高端女性杂志刊登广告宣传。

若能运用演绎法，把基于归纳法制订的方针具体落实到个别方针上，更容易确保方针与举措的一致性（图5-1）。

至于跨部门举措，只要你不是其他部门的负责人，从职位权限上来看，你无法指挥他人行动。因此，除了要有意志与热情，还要搭配运用归纳法与演绎法，将其作为保持商业活动一致性的武器。

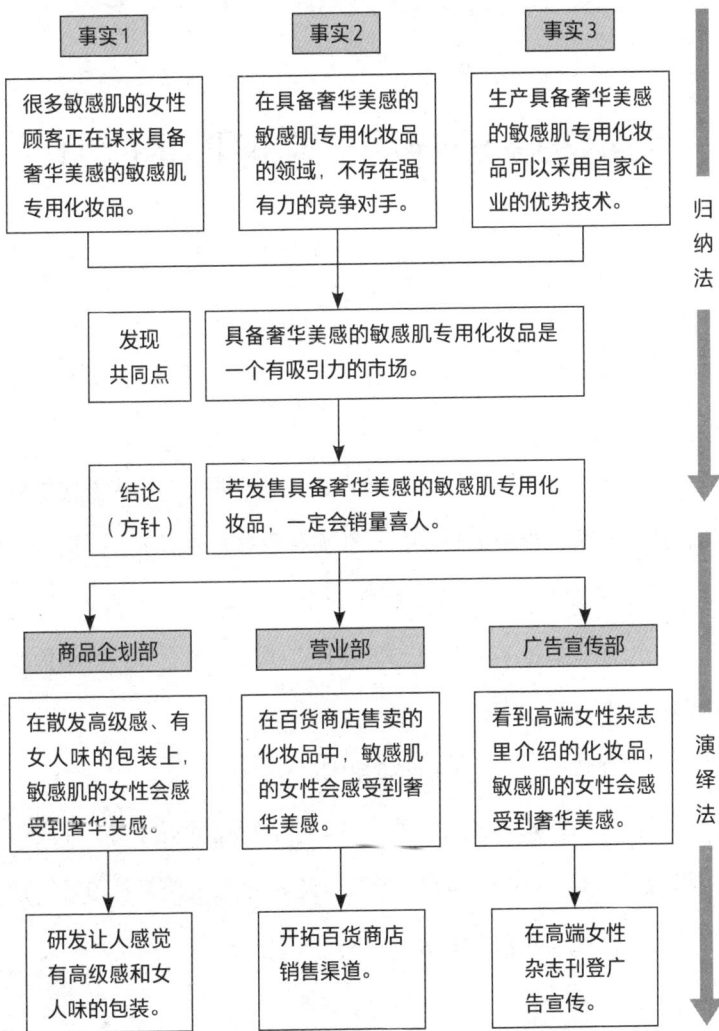

事实1	事实2	事实3
很多敏感肌的女性顾客正在谋求具备奢华美感的敏感肌专用化妆品。	在具备奢华美感的敏感肌专用化妆品的领域，不存在强有力的竞争对手。	生产具备奢华美感的敏感肌专用化妆品可以采用自家企业的优势技术。

归纳法

发现共同点	具备奢华美感的敏感肌专用化妆品是一个有吸引力的市场。

结论（方针）	若发售具备奢华美感的敏感肌专用化妆品，一定会销量喜人。

演绎法

商品企划部	营业部	广告宣传部
在散发高级感、有女人味的包装上，敏感肌的女性会感受到奢华美感。	在百货商店售卖的化妆品中，敏感肌的女性会感受到奢华美感。	看到高端女性杂志里介绍的化妆品，敏感肌的女性会感受到奢华美感。
研发让人感觉有高级感和女人味的包装。	开拓百货商店销售渠道。	在高端女性杂志刊登广告宣传。

图 5-1　搭配使用归纳法与演绎法，保持商业活动的一致性

归纳法＋演绎法：掌握提案能力

孕育多个依据

一听到"提案"一词，我们总会下意识地去关注提案的内容与方法。其实，提案的起点在于准确看清对方的需求。因为一旦你弄错了提案对象的需求，提案的整个框架都会出现问题。最终，无论你考虑得多么合理，只要起点错了，都会导致提案内容跑偏。

为了理解这一点，下面举例说明。

我在第二章就"加入伴手礼市场"进行过举例说明，让我们一起回顾一下。当时，得出"自家企业应该加入伴手礼市场"这一结论的推论过程如下所示：

归纳法

事实1（市场的角度）：伴手礼市场规模逐年扩大。

事实2（竞争对手的角度）：在伴手礼市场，不存在资本雄厚的强有力的竞争对手。

事实3（自家企业的角度）：伴手礼市场能够发挥自家企业的服务优势。

发现共同点：三者的共同点在于"伴手礼市场对自家企业非常有吸引力"。

结论（提案）：自家企业应该加入伴手礼市场。

但是，就算你直接拿该结论向管理层汇报，你的提案也很可能会以"论述不充分"为由被驳回，这是因为以下两点逻辑不连贯：

发现共同点：三者的共同点在于"伴手礼市场对自家企业非常有吸引力。

结论：自家企业应该加入伴手礼市场。

从管理层来看，仅依靠"伴手礼市场对自家企业非常有吸引力"这一事业层面战略的讨论，还不能决定投资与否。这是因为，投资是一个需要产生回报的行为，还需要基于财务的角度，探讨投资伴手礼市场是否会有与之相均衡的投资收益。这时，搭配运用归纳法与演绎法，将会推动工作顺利推进。

假设你所在的企业将投资标准设定为内部收益率达5%以上，这样一来，你可以使用演绎法基于财务角度进行以下提案。

演绎法

作为前提的规则：自家企业的投资标准为内部收益率达5%以上。

套入事实：投资伴手礼市场，预计内部收益率将达8%。

结论：因为投资伴手礼市场的内部收益率高于自家企业设定的投资标准，所以应该对伴手礼市场进行投资。

面对管理层"检验是否应该加入伴手礼市场"的要求，通过搭配运用两种推论方法（用归纳法讨论事业层面的战略，用演绎法讨论财务层面的战略），你就能提出恰当的提案。

归纳整理后，内容如图5-2所示。

事业层面的讨论 × 归纳法

事实1（市场的角度）：伴手礼市场规模逐年扩大。

事实2（竞争对手的角度）：在伴手礼市场，不存在资本雄厚的强有力的竞争对手。

| 结论 | 自家企业应该加入伴手礼市场。 |

| 共同点 | 伴手礼市场超过自家企业的投资标准，发展前景明朗。 |

| 共同点 | 伴手礼市场对自家企业非常有吸引力。 | | 结论 | 投资伴手礼市场的内部收益率高于自身企业设定的投资标准，所以应该对伴手礼市场进行投资。 |

| 伴手礼市场规模逐年扩大。 | 在伴手礼市场，不存在资本雄厚的强有力的竞争对手。 | 伴手礼市场能够发挥自家企业的服务优势。 | 自家企业规定内部收益率需达5%以上。 | 投资伴手礼市场的内部收益率将达8%。 |

| 事实1 | 事实2 | 事实3 | 前提 | 套入事实 |

←——— 归纳法 ———→   ←—— 演绎法 ——→

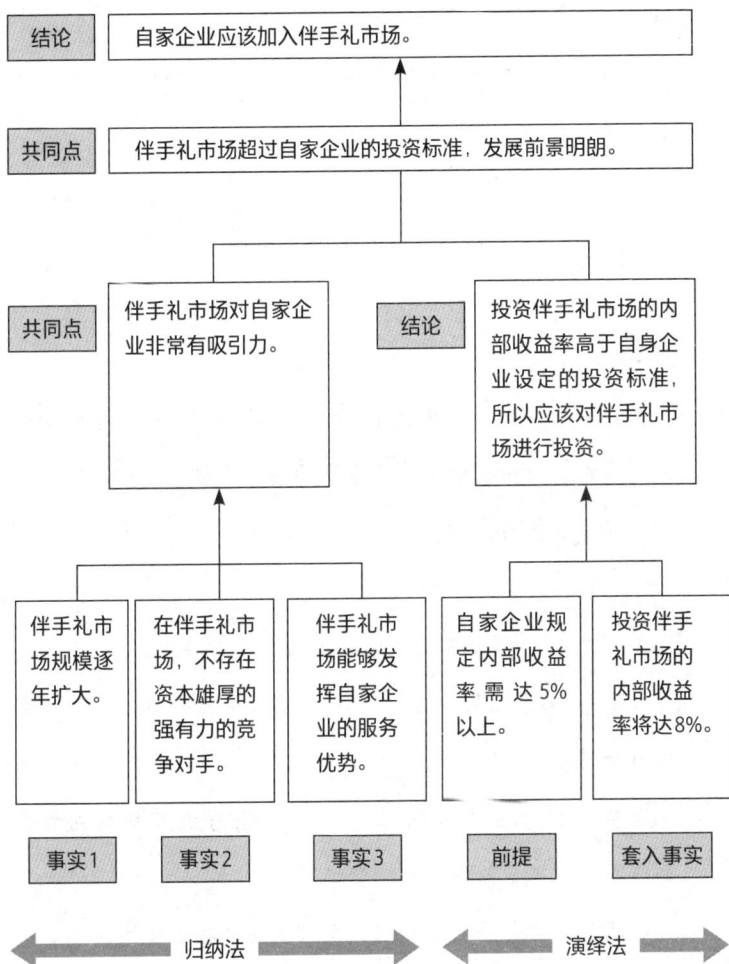

图 5-2 搭配使用归纳法与演绎法，掌握提案能力

事实3（自家企业的角度）：伴手礼市场能够发挥自家企业的服务优势。

共同点：三者的共同点在于"伴手礼市场对自家企业非常有吸引力"。

财务层面的讨论 × 演绎法

作为前提的规则：自家企业的投资标准为内部收益率达5%以上。

套入事实：投资伴手礼市场，预计内部收益率将达8%。

结论：因为投资伴手礼市场的内部收益率高于自家企业设定的投资标准，所以应该对伴手礼市场进行投资。

事业层面、财务层面 × 归纳法

事实1（事业层面的讨论）：对自家企业来说，伴手礼市场前景明朗。

事实2（财务层面的讨论）：投资伴手礼市场的内部收益率高于自家企业设定的投资标准。

共同点：伴手礼市场超过自家企业的投资标准，发展前景明朗。

结论：因此，自家企业应该加入伴手礼市场。

金字塔结构

如果你是一名商业人士，相信你一定对"金字塔结构"或"金字塔原理"一词有所耳闻。

这里简单向不甚了解的读者解释一下，所谓金字塔结构，就是将想传达的结论与该结论的依据以金字塔图的形式呈现的框架。

为了说明某结论逻辑正确，我们需要多项依据。顶点是结论，其下方分布了多项依据，将这一描述进行图形化，便呈金字塔结构。这也是"金字塔结构"这一称呼的缘由（图5-3）。

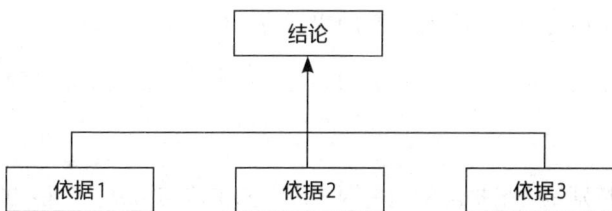

图 5-3　金字塔结构

为了熟练掌握金字塔结构，搭配运用归纳法与演绎法的技术必不可缺。这是因为，推论在明确结论与其依据的关系时非常重要，而归纳法和演绎法正是推论的核心要素。

反过来说，倘若你能熟练掌握搭配运用归纳法与演绎法的方法，你的提案一定会变得更具说服力。

溯因推理 + 归纳法 + 演绎法：
加速自身成长

孕育新发现的循环

世间万物必有各自存在的理由，而存在的所有事物，都是我们推论的对象，都是帮助我们成长的素材。

重要的是，你是否能意识到这一点，获得孜孜不倦地汲取知识的方法论。

特别是凭借搭配使用溯因推理、归纳法与演绎法的能力，你可以通过一些发现和疑问觉察到法则与假说，由此更容易形成孕育新发现的循环。因此，一旦学会搭配使用这三种推论方法，你自身也会有飞跃式的成长。

下面通过举例来解释。

社会价值越来越受到大家的重视。从社会角度看，即SDGs；从投资角度看，即ESG投资；从经营角度看，即CSV（创造共享价值）；从市场营销角度看，即营销理论3.0、4.0时代（关注人类期望、价值与精神）。

既然你已经学过溯因推理，在越发重视社会价值的潮流下，应该持有这种疑问：为什么会越发重视社会价值？

所谓持有疑问，即意味着对长期以来视作理所当然从而忽视了的现象产生怀疑；而持有疑问就是一项深挖事实的工作，也是一项从诸多角度审视事实的工作。

面对"为什么某些社会趋势越发明显"这一问题，既然你已经提出了疑问，那么下一步要做的就是套入法则，也就是摸索出能够客观说明该现象产生的缘由及其机制的法则。

倘若你无法准确说明现象产生的缘由，对你来说，这就是进步的机会。因为在现象背后蕴藏着你此前不知道的法则，若能发现新的法则，你将获得新的武器。

因此，若你能够怀疑大部分人都不会怀疑的现象，你就能比他人更快一步获得成长。而这时所必需的，正是前文数次介绍的洞察归纳法，在提出"为什么某些社会趋势越发明显"这一疑问后，试着收集多项关于越发明显的新趋势的事例，以抽象化思考和多元视角去寻找背后的共同点（法则）。

事实1：在餐饮界，饮食教育逐渐受到关注。

事实2：在商界，人们逐渐重视以人为本的设计，关注设计理念。

事实3：在社交平台上，人们创业和从事自由职业的趋势日益显现。

共同点：三点的共同点在于"作用力产生反作用力"。

在餐饮界，饮食教育逐渐受到关注，其背景在于加工食品的普及。加工食品的出现让人们短时间内就能吃上饭菜，省去了提前准备和调味的功夫，但快餐和加工食品的普及让人们对食物越发漠不关心，其反作用力就促成了人们将视线投入饮食教育。

另外，在商界，人们逐渐重视以人为本的设计，并且关注设计理念。这可以说是AI和大数据带来的数据最优化所引起的反作用，也可以视作人们对劳动力逐渐被AI取代这一状况的危机感。

在社交平台上，人们创业和从事自由职业的趋势日益显现，其背景也可视作是与团体工作方式的对立。

这样看来，当事物单方面起强烈作用时，从人们的危机感、反省或是可承受的极限中，将会产生与之相对应的反作用。

以"社会价值越发受到重视"为起点的溯因推理公式将如下所示：

已发生现象：为什么社会价值越发受到重视？

套入法则：作用力产生反作用力。

导出假说：之所以社会价值越发受到重视，是因为某种趋势的反作用力。

这里所说的"某种趋势的反作用力"，正是如雷曼危机[1]时所看到的人们对于肆意扩张的资本主义的反省。在那之后，出现了"经济价值与社会价值并存的趋势"这一反作用力。相信你也明白，它与批判黑心企业、实现工作方式改革的趋势紧密相连。

因此，若熟练搭配运用溯因推理和洞察归纳法，将有助于你发现新的法则与假说；而这是你在执拗于单个现象时所看不见的。

获得法则，提升预测能力

对于通过溯因推理和洞察归纳法得到的法则，若能再运用上演绎法，你将能获得预测能力。

---

[1] 2008年，美国第四大投资银行雷曼兄弟公司由于投资失利，在谈判收购失败后宣布申请破产保护，引发了全球金融海啸。

在本案例中，你得到的法则为"作用力产生反作用力"。让我们试着将该法则套入完全不同的领域，用演绎法进行思考。

法则 × 演绎法 1

作为前提的规则：作用力产生反作用力。

套入事实：女性想变得漂亮。

结论（预测）：因此，今后将会出现不被外在美所束缚的价值观。

法则 × 演绎法 2

作为前提的规则：作用力产生反作用力。

套入事实：人们认为老龄化社会不好。

结论（预测）：因此，今后将会出现视老龄化为好事的趋势。

一旦你收获某一法则，通过使用演绎法将其套入不同领域进行思考，你将能快速得出对于原因的假说，以及对于未来的假说。

若能通过溯因推理、归纳法与演绎法获得众多阐明事物逻辑关系的法则，你将能通过套入法则获得众多启发，你所看到的世界也会越发宽广。

此外，若对世间万物的理解仅停留在表面，那么你就会受眼前所见事物的局限，也无法统一"应该做什么""应该如何做"等问题的判断标准。但倘若能理解眼前所见事物背后存在的法则，那么你就能通过将各种现象套入法则，预测未来，满怀自信地做出决定。

小结：七个要点

1.当我们想基于自家公司所处的环境制订方针，并保持方针与措施一致时，可以搭配运用归纳法与演绎法。

2.为确保方针与措施的一致性，我们需要在制订整体方针时采用归纳法，随后运用演绎法落实到个别方针上。

3.围绕事业层面和财务层面两方面进行提案时，可以搭配运用归纳法与演绎法。

4.在金字塔结构中，为了明确结论与依据的关系，归纳法与演绎法缺一不可。

5.搭配使用溯因推理、归纳法与演绎法，是将世间万物都转变为学习对象的方法论。

6.凭借搭配使用溯因推理、归纳法与演绎法，我们可以通过发现和提出疑问觉察到法则与假说，并借此形成孕育新发现的循环。

7.若能通过溯因推理、归纳法与演绎法获得众多阐明事物逻辑关系的法则，我们将能通过套入法则获得众多启发，眼前的世界也会越发宽广。

后记

让未来更加幸福的力量

不行动，意味着放走让自己进步的机会，同时也意味着亲手埋下了引发风险的种子。而越推迟做决定，未来的选项和得到的回报也会越少。

因此，既然你已将本书读到了最后，那么我希望你不要拖延，立刻将本书学到的内容付诸行动。

常言道："选择舒适圈乃人之常情。"人们往往容易向轻松安逸的一方靠拢，而面对需要花时间掌握的技能，总是因嫌麻烦而避之不及。

但正如本文一开始介绍的一样，人们自身所能思考的范围构成了自己所见世界的全部。因此，刚愎自用与以偏概全，无异于把自己封闭在一个狭窄的世界。

常识在人们的日常生活中大行其道，但常识不过是人们在生活经验的基础上，为了便利所约定俗成的事项，而并非一成不变，是会随时代发生改变的。

倘若掌握了推论能力，你眼里的世界将会更加宽广。你会开始怀疑常识，获得新法则，设立一些新的假说。

练习推论能力如同不借助任何辅助工具练习骑自行车。一开始很笨拙，会磕磕绊绊地摔上几跤。也许你每次摔跤后都会产生想要放弃的想法，但一旦掌握了窍门，就会无意识地实践成功，你甚至会不可置信地想："为什么自己最开始时会失败呢？"在这一刻来临之前，请持续练习自己的推论能力。

当这一练习慢慢地变为你的习惯后，你将会从中得到众多法则，并通过将它们套入其他领域发现更多假说。

若能通过推论看清看不见的原因，预测看不见的将来，你自身也会实现成长，整个人也会越发自信。

也希望你将从这些习惯中得到的智慧与他人共享，因为分享法则和假说是一种将自己的推论可视化的表现形式。因此，哪怕你不乐意，周围的人也会对它们进行价值判断。另外，也可能会推论失败，所以一不留神，你也容易因此受挫。但是，当你陷入了这种消极的思维模式时，不如试着回想一下当初自己究竟为何想要掌握推论能力。

法则与假说需要得到众人的理解与认同，需要通过你的行动变为团队的力量。

无论是社会、商业活动还是读到这本书的你，都正在历史的年轮上向前迈进。为了让未来更加幸福，让我们运用已经掌握的推论能力，来开拓人生的各种可能性。

最后，为了本书的出版，众多人士给予了我帮助和支持。

在出版之际，朝日广告公司执行董事熊坂俊一先生、局长石井弘益先生给予了我大力支持。在执笔之际，局长高山英男先生也给予了我诸多建议和启发；朝日广告公司策略企划部的水溜弥希女士、中野拓马先生、梅野太辉先生、关口纯平先生和平松干也先生也给予了我很多鼓励。

我在休息日执笔时，妻子友香、长子温就、长女长闲、次女蕾给予了我很多理解和帮助。

借此机会，我还想向其他所有支持过我的人表示衷心的感谢。

请允许我再补充一点，本书内容均笔者个人见解，不代表所属组织意见。

参考文献

［1］安澤武郎．ひとつ上の思考力[M]．東京：クロスメディア・パブリッシング株式会社，2017.

［2］安宅和人．イシューからはじめよ—知的生産の「シンプルな本質」[M]．東京：英治出版株式会社，2010.

［3］白取春彦．「考える力」トレーニング　頭の中の整理法からアイデアの作り方[M]．東京：三笠書房株式会社，2018.

［4］波頭亮．論理的思考のコアスキル[M]．東京：筑摩書房株式会社，2019.

［5］渡辺パコ．頭がいい人の「論理思考」の磨き方[M]．東京：かんき出版株式会社，2015.

［6］高田貴久．ロジカル・プレゼンテーション　自分の考えを効果的に伝える戦略コンサルタントの「提案の技術」[M]．東京：英治出版株式会社，2004.

［7］高田貴久，岩澤智之．問題解決　あらゆる課題を突破するビジネスパーソン必須の仕事術[M]．東京：英治出版株式会

社，2014.

　［8］後正武．意思決定のための「分析の技術」[M]．東京：
ダイヤモンド社株式会社，1998.

　［9］米盛裕二．アブダクション　仮説と発見の論理[M]．東
京：勁草書房株式会社，2007.

　［10］名和高司．コンサルを超える　問題解決と価値創造
の全技法[M]．東京：ディスカヴァー・トゥエンティワン株式会社，
2018.

　［11］内田和成．仮説思考 BCG流 問題発見・解決の発想法
[M]．東京：東洋経済新報社株式会社，2006.

　［12］泉本行志．3D思考 視点を立体的に動かす技術[M]．
東京：ディスカヴァー・トゥエンティワン株式会社，2012.

　［13］森博嗣．人間はいろいろな問題についてどう考えていけ
ば良いのか[M]．東京：新潮社株式会社，2013.

　［14］山中英嗣．入社1年目で知っておきたい クリティカルシ
ンキングの教科書[M]．京都：PHP研究所株式会社，2011.

　［15］細谷功．具体と抽象 世界が変わって見える知性のしく
み[M]．東京：dZERO株式会社，2014.

　［16］細谷功．アナロジー思考 「構造」と「関係性」を見
抜く[M]．東京：東洋経済新報社株式会社，2011.

［17］苅谷剛彦. 知的複眼思考法 誰でも持っている創造力の
スイッチ［M］. 東京: 講談社株式会社，2002.

［18］佐渡誠. 「ゴール仮説」から始める問題解決アプローチ
［M］. 東京: すばる舎株式会社，2018.

［19］グロービス. グロービスMBAキーワード 図解 基本フレ
ームワー 50［M］. 東京: ダイヤモンド社株式会社，2015.

Chapter 02

——— 找准自己的位置 ———

047　九年的厚积

050　找准自己的位置

054　只有想不到

057　诚信的资产

059　将工作做到极致

062　卓越是一种态度

065　大师的经验

068　赢过命运并不难

070　做一只发光的萤火虫

072　老年人的智慧

074　走向太阳

077　浅水处的金鳞

080　夸人的艺术

083　一颗螺丝钉

085　一辈子画好一张虎

CONTENTS
目 录

Chapter 01

—— 生命在于攀登 ——

003　苦难的另一面

006　绝望中蕴藏的希望

009　捷径，其实是最远的路

011　揭开伤疤的勇气

014　生命在于攀登

017　敬业的价值

019　就做一杯柠檬水

022　决心与耐心

025　绝境之下也有从容

028　烤鸭的身份证

031　苦难不是减法题

033　黑暗是人生的底色

036　换个方向，追寻梦想

039　加长自己这条线

041　坚持的人笑到最后